Friedrich von Esmarch

Über den Kampf der Humanität gegen die Schrecken des Krieges

Ein Vortrag- mit 5 Holzschnitten nach Zeichnungen von J. Wittmaack

Friedrich von Esmarch

Über den Kampf der Humanität gegen die Schrecken des Krieges
Ein Vortrag- mit 5 Holzschnitten nach Zeichnungen von J. Wittmaack

ISBN/EAN: 9783743300804

Hergestellt in Europa, USA, Kanada, Australien, Japan

Cover: Foto ©Thomas Meinert / pixelio.de

Manufactured and distributed by brebook publishing software (www.brebook.com)

Friedrich von Esmarch

Über den Kampf der Humanität gegen die Schrecken des Krieges

Ueber den

Kampf der Humanität

gegen

die Schrecken des Krieges.

Ein Vortrag

von

Dr. F. Esmarch,
Professor der Chirurgie an der Universität Kiel.

Mit 5 Holzschnitten nach Zeichnungen von J. Wittmaack.

Kiel,
Schwers'sche Buchhandlung.
1869.

Hochgeehrte Anwesende!

Wenn ich mir die Aufgabe gestellt habe, Ihre Aufmerksamkeit durch einen Vortrag über den Kampf der Humanität gegen die Schrecken des Krieges zu fesseln, so bin ich dabei keineswegs von der Ansicht ausgegangen, daß vielleicht in nächster Zeit schon der Ausbruch eines Krieges zu erwarten sei, sondern es drängt mich dazu ein Versprechen, welches ich schon vor drei Jahren Mitgliedern des Genfer Vereins gegeben habe, das Versprechen, auch in unserem Lande das Interesse für die Zwecke dieses Vereines nach Kräften erwecken und fördern zu wollen.

Mancherlei Gründe haben mich bis dahin von der Erfüllung desselben abgehalten; weil aber jetzt an mehreren Orten unseres Landes sich Localvereine zu bilden beginnen, deren Thätigkeit in einem hier gestifteten Provinzialverein ihr Centrum finden soll, so habe ich geglaubt, nicht länger zögern zu dürfen und deßhalb Sie gebeten, mir für den heutigen Abend Ihre Aufmerksamkeit schenken zu wollen.

Ich darf es wohl als allgemein bekannt voraussetzen, daß in den letzten Jahren sich in den meisten Ländern Europas Vereine gebildet haben, welche das Ziel verfolgen, im Felde den verwundeten und kranken Kriegern freiwillige Hülfe zu bringen und sich für diesen Zweck schon während des Friedens vorzubereiten.

Man hat diese Vereine kurzweg als Genfer Vereine bezeichnet, weil die Anregung zur Bildung derselben von der Genfer internationalen Conferenz ausgegangen ist.

Ehe ich aber auf den Zweck und die Thätigkeit dieser Vereine näher eingehe, halte ich es für nothwendig, einigen Einwänden zu begegnen, von denen ich weiß, daß ein Theil meiner Zuhörer sie auf den Lippen haben würde, falls es sich hier um eine Debatte über diesen Gegenstand handelte.

Oder sollte ich mich täuschen, wenn ich annehme, daß Manche unter Ihnen denken: Was sollen doch diese Vereine für den Krieg schon im Frieden? Weßhalb die Mildherzigkeit in Anspruch nehmen für Zwecke, deren Ziele hoffentlich in weiter Ferne liegen? Giebt es nicht im Frieden auch Unglückliche genug, welche unserer Hülfe bedürfen? Laßt doch die Regierungen, welche im Frieden Millionen ausgeben für die Verbesserungen der Mordwaffen, auch dafür sorgen, daß es den Verwundeten im Kriege an der nöthigen Hülfe nicht fehle.

Hochgeehrte Zuhörer! Es würde mir schwer fallen, alle diese Einwände zu widerlegen und ich müßte fürchten, Ihre Geduld auf das Aeußerste zu mißbrauchen, wollte ich die Gründe dafür und dawider Ihnen vortragen.

Auch würden mit demselben Rechte Diejenigen ihre Anschauungen berücksichtigt zu sehen wünschen, welche denken und sagen, wozu nützt all' dies Gerede von freiwilliger und amtlicher Hülfe im Kriege, bildet doch lieber Vereine, welche dahin streben, daß überhaupt kein Krieg mehr ausbreche, dann werden ja alle solche Bestrebungen hinfällig sein. Auch diese würden Recht behalten so lange — bis eben wieder ein Krieg ausbricht und nur die alte Erfahrung würde sich wiederholt haben, daß das Bessere des Guten Feind sei.

Ich hoffe aber, daß es mir gelingen wird, Sie von der Zweckmäßigkeit und Nothwendigkeit der Genfer Vereine zu überzeugen, wenn ich mich auf den Boden der Thatsachen begebe, denn diese Vereine sind nicht hervorgegangen aus philosophischen Betrachtungen, sondern sie sind entstanden in Folge von allgemein bekannten Thatsachen, die sich in neuerer Zeit nur allzu oft wiederholt haben und deren Gewicht sich jedem Menschenfreunde mit unwiderstehlicher Gewalt aufdrängt.

Eine solche allbekannte Thatsache ist es, daß die

staatlichen Einrichtungen im Kriege niemals ausreichen, um den verwundeten und erkrankten Soldaten diejenige Hülfe angedeihen zu lassen, welche ihnen gebührt; und zwar um so weniger, je größere Dimensionen der Kampf annimmt; nicht minder ist es eine Thatsache, daß die staatliche Hülfe zu Anfang der Kriege fast immer zu spät kommt.

Gestatten Sie mir aus der Geschichte unserer Zeit Ihnen eine Reihe von traurigen Begebenheiten ins Gedächtniß zurückzurufen, welche diese Behauptung zu beweisen im Stande sind.

Fast dürfte es überflüssig erscheinen, auf die Zeit der großen Napoleonischen Kriege zurück zu gehen, doch kann ich es nicht unterlassen, in wenigen Worten an die Zustände in den Jahren 1813 und 1815 zu erinnern. Der preußische Staat mußte damals alle seine Mittel und Kräfte einzig auf die Rüstungen zum Kampfe verwenden, wenn es gelingen sollte, den Feind aus dem Vaterlande zu vertreiben. Mehr als 180,000 Mann wurden in kurzer Zeit fürs Feld ausgerüstet und wenn bei dem damaligen Zustande der Finanzen für die Sanitätseinrichtungen Nichts übrig blieb, so ist das begreiflich genug. Es kam dazu, daß auch die ganze russische Armee von mehr als 80,000 Mann ohne Ambulancen ausmarschirt war und sich in dieser Beziehung auf die Hülfe der Deutschen verlassen hatte. So fehlte es für die Verwundeten und Kranken an Allem, an Geld und an Aerzten, an Transportmitteln und Lazarettbedürfnissen.*)

Und nun warf der ungeheure drei Tage dauernde Völkerkampf 100,000 Todte und Verwundete auf das Schlachtfeld von Leipzig hin und 34,000 der schwersten Verwundeten mußten allein in dieser Stadt untergebracht werden. Daß von diesen mehr als 11,000 an den Folgen ihrer Wunden und an den Hospitalkrankheiten zu Grunde gingen, darüber kann man sich nicht wundern, wenn man die Schilderungen liest, welche Reil und Andere von

---

*) Daß es richtiger sei, Lazarett, als Lazareth zu schreiben, hat neulich Virchow in seiner Schrift: Ueber Hospitäler und Lazarette, Berlin 1869, nachgewiesen.

den wahrhaft gräßlichen Zuständen in den Lazaretten Leipzigs geliefert haben.

Derselbe Jammer wiederholte sich im Jahre 1815 nach den Schlachten von Ligny und Waterloo, denn wenn man auch mittlerweile für die Errichtung von mobilen Lazaretten gesorgt hatte, so waren dieselben doch wegen ihrer Schwerbeweglichkeit weit hinter den Armeen zurückgeblieben, als diese in Eilmärschen über den Rhein rückten.

Die Erinnerung an jene Zeiten der Noth und der Begeisterung lebt nur noch in den alten Menschen unserer Zeit und 33 Friedensjahre hatten Vieles vergessen gemacht, was die Herzen der damals Lebenden mit Schauder und Entsetzen erfüllte.

Unsere Generation aber hat die Erfahrung machen müssen, daß in den Kriegen der neuesten Zeit die Zustände, von denen ich rede, wahrlich nicht viel besser geworden sind.

Eines der schrecklichsten Beispiele lieferte der Krieg in der Krim, der im Ganzen fast eine halbe Million Menschenleben gekostet hat. Es läßt sich nicht unschwer nachweisen, daß diese fürchterlichen Opfer zum großen Theile verursacht sind durch die mangelhaften Sanitätseinrichtungen der dort kämpfenden Armeen. Am schlechtesten war für die englischen Truppen gesorgt, denn es fehlte ihnen im ersten Jahre des Krieges an allen Lazaretteinrichtungen. Als jene nach der Krim hinüber transportirt wurden, hatte man in Varna auch die Ambulancen eingeschifft: sie mußten aber wieder ausgeladen werden, weil man die Schiffe zur Nachsendung von Verstärkungstruppen gebrauchte. So kam es, daß von den englischen Regimentern, welche am 14. September 1854 bei Eupatoria den Boden der Krim betraten, keines mehr als 10 Tragbahren und einen Packpony für die Medicinkiste mit sich führte. Und 6 Tage später fand schon die blutige Schlacht an der Alma statt, in welcher die Engländer 1600 meist schwer durch Kartätschen Verwundete hatten. Es fehlte an allen Mitteln, sie zu transportiren, zu verbinden und unterzubringen und sie wären hülflos auf dem Schlachtselte liegen geblieben und umgekommen, wenn nicht am folgenden Tage die Franzosen und die Marine ihnen zu Hülfe geeilt wären.

Nicht besser ging es nach den Schlachten von Balaclava und Inkerman, welche zusammen mehr als 4400 Verwundete lieferten. Es fehlte an jeglicher Einrichtung, um dieselben unterzubringen und ihnen eine geregelte Krankenpflege angedeihen zu lassen und man mußte sie deßhalb zu Schiffe nach dem Bosporus transportiren, wo sich Spitäler befanden, in denen freilich die Zustände kaum minder trostlos waren, als in der Krim.

Aber ebensowenig wie für die Verwundeten und Kranken, hatte man für die gesunden Soldaten gesorgt. Es fehlte an guter Verpflegung und ausreichender Bekleidung, um den entsetzlichen Stürmen des kalten Winters und den übrigen Entbehrungen Widerstand leisten zu können. In Folge dessen traten epidemische Krankheiten auf, wie Cholera, Ruhr, Typhus und Scorbut, Krankheiten, welche sich nur durch eine zweckmäßige Gesundheitspflege im Zaum halten lassen; aber hier, wo es an Allem fehlte, wütheten dieselben bald in einer grauenerregenden Weise. Schon im December 1854 starben von je 1000 Mann 631, aber noch im Laufe des Winters nahm die Sterblichkeit in einer Weise zu, daß ganze Regimenter verschwanden und die Armee würde vollständig zu Grunde gegangen sein, wenn nicht zum Glück sich das englische Volk der unglücklichen Krieger angenommen hätte. Zuerst begann die Presse sich zu regen, nachdem Sir R. Peel in einem Brief an die Times, der von 200 L. Sterl. begleitet war, die Schäden aufgedeckt und die Privathülfe aufgerufen hätte. — Bald regte sich die öffentliche Meinung, und diese ist bekanntlich in England im Verein mit der Presse eine so zwingende Macht, daß die Regierung sich entschließen mußte, ernsthafte und umfassende hygienische Maßregeln zu ergreifen. Private und Regierungen wetteiferten dann mit einander in Sendungen von Hülfsmitteln aller Art; im November schon ging die so berühmt gewordene Miß Nightingale mit 37 englischen Damen nach der Krim, im nächsten Jahre folgten noch 50 andere, welche sich alle der freiwilligen Krankenpflege gewidmet hatten. Bald war man im Stande, in der Krim selbst Lazarett-Baracken zu errichten, so daß man die Verwundeten und Kranken nicht mehr übers Meer zu transportiren brauchte, und vorzugsweise durch die Bemühungen jener Damen wurden nach und nach die Zustände in den Lazaretten so viel besser, daß in den letzten 5 Monaten des Krieges nur noch Einer von 100 Kranken gestorben ist.

Daß England diese traurigen Erfahrungen sich zu Nutzen gemacht hat, geht am klarsten hervor aus den Resultaten der vorjährigen abessinischen Expedition. Die Dimensionen derselben waren allerdings klein, aber wohl niemals sind die Schwierigkeiten, welche der Verpflegung und der Sorge für die Gesundheit einer Armee sich entgegen stellen können, größer gewesen, als hier. Und doch haben sämmtliche Truppen im Ganzen durch Verwundungen und Krankheit nicht mehr als 1 Proc. verloren, ein Resultat, welches man wesentlich den umfassenden und zweckmäßigen Vorbereitungen und Maßregeln zuzuschreiben hat, die von Seiten des ärztlichen Stabes im Verein mit dem Ingenieurcorps getroffen worden sind.

Von der französischen Armee waren in der Krim ähnliche, wenn auch nicht ganz so schlimme Erfahrungen gemacht worden; wie wenig man sich dieselben hatte zur Warnung dienen lassen, sollte der kurze aber blutige Krieg, welcher vier Jahre später in Italien geführt ist, beweisen.

Als die französische Armee in Italien einrückte, waren die Sanitätseinrichtungen, welche sie mit sich führte, in hohem Grade mangelhaft. Die Ambulancen hatten nicht mehr als den vierten Theil ihres Etats an Aerzten, die Hauptlazarette waren in Frankreich zurück gelassen. Man hatte sich auf den Patriotismus und die Hülfe der Sardinier verlassen, aber diese waren selbst nur ungenügend ausgerüstet. Es fehlte deßhalb an Allem, besonders an Aerzten, an Krankenwärtern, an chirurgischen Instrumenten und Lazarettutensilien.

Am 4. Juni war die Schlacht bei Magenta, am 24. Juni die bei Solferino. Hier kämpften 300,000 Mann 15 Stunden lang mit der größten Tapferkeit um den Sieg. Mehr als 40,000 Verwundete blieben auf dem Schlachtfelde und ebenso viele Kranke verlangten in den nächstfolgenden Tagen Aufnahme in die Lazarette.

Hier zeigte sich die Unzulänglichkeit der officiellen Hülfsmittel in ihrer ganzen Furchtbarkeit.

Die grenzenloseste Verwirrung herrschte auf dem Schlachtfelde und in dessen nächster Umgebung. Mit der unsäglichsten Mühe wurden nach und nach 30,000 Verwundete nach Brescia, 10,000 nach Cremona geschafft. Aber noch am sechsten Tage waren nicht alle Verwundete untergebracht.

Unzählige verbluteten und verschmachteten auf dem Schlachtfelde, während des Transportes, in den Straßen der Dörfer und Städte. Es fehlte an Kräften, die hülflos Daliegenden aufzusuchen und sie in die nächsten Orte zu transportiren; es fehlte an Händen, den durstenden Lippen nur die erste und nothwendigste Labung, das Wasser, zu bringen. Und als später die Hülfsmittel jeder Art von allen Seiten her gesendet wurden, fehlte es an Helfern, sie in geeigneter Weise zu verwenden.

Die Bevölkerung that Alles und fast mehr als in ihren Kräften stand. Viele Hunderte von Civilärzten und Tausende von Männern und Frauen aus allen Classen der Gesellschaft bemühten sich rastlos, der entsetzlichen Noth zu steuern. Aber das Elend überstieg alle Grenzen!

Und nun erst die Todten! In solcher Noth gehen die Lebenden vor. Aber unter dem heißen Himmel Italiens beginnt schon nach wenigen Stunden die Verwesung und schreitet rasch vorwärts. Und bald ist das ganze große Schlachtfeld ein einziger Heerd der Zersetzung und der Pestilenz, von welchen alle in der Nähe liegenden Orte mit verheerenden Krankheiten bedroht sind. Und in diesen hat man die am schwersten Verwundeten unterbringen müssen.

Aber aus diesem Chaos von unsäglichem Jammer und Elend ist ein Wert entsprossen, welches erst in künftigen Kriegen die schönsten Früchte tragen wird.

Ein Genfer Bürger, Henri Dunant, war unter den menschenfreundlichen Helfern, welche in den Tagen nach der Schlacht die Leiden der unglücklichen Opfer mit mehr als menschlichen Anstrengungen zu lindern versuchten. Er hat die grauenhaften Zustände, welche in den ersten Tagen in Castiglione und anderen Orten in der nächsten Nähe des Schlachtfeldes geherrscht, in einfachen Worten, aber mit herzergreifender Wahrheit geschildert in seiner Schrift: „Un Souvenir de Solferino", und diese Schrift ist es gewesen, welche den Anstoß gegeben hat zur Entstehung der Genfer Vereine und der Genfer Convention.

Und nun die Schlacht von Königgrätz!

Ich unterlasse es, vor Ihnen ein Bild zu entrollen von den entsetzlichen Zuständen, welche noch in unserer aller Erinnerung sind. Wer hätte nicht gehört von den erst am dritten Tage nach der Schlacht aufgefundenen Verbandplätzen voll Todter und Sterbender, nicht gehört von den Dörfern, vollgepfropft von Verwundeten der schlimmsten Art, in denen am zweiten und dritten Tage einzelne Aerzte die fruchtlose Arbeit unternehmen mußten, Hülfe zu bringen, ohne die geringsten Verband- und Erquickungsmittel zu haben. Wer kann ohne Entsetzen denken an die Erzählungen von jenen Schwärmen schlechten Gesindels, welche nächtlich wie Hyänen das verlassene Schlachtfeld durchstreifen, die Todten plündern, die Sterbenden berauben, den Verwundeten die Finger abschneiden der Ringe wegen, die Augen ausstechen, wenn sie fürchten, erkannt zu sein.

Auch das Schlachtfeld von Königgrätz hat seinen Dunant gefunden; wer sich die Schrecken desselben lebhaft ins Gedächtniß zurückzurufen wünscht, der lese die Schrift von Naundorff: „Unter dem rothen Kreuz!"

So furchtbar gräßliche Zustände, wie sie diese Riesenschlachten mit sich bringen, hat unser Ländchen während der vier Feldzüge, deren Schauplatz es seit 1848 gewesen, Gottlob nicht gesehen, da niemals hier die Kämpfe so ungeheure Dimensionen angenommen haben.

Zum Beweise der Behauptung aber, daß die staatliche Hülfe zu Anfang fast immer zu spät kommt, hat es auch hier an Thatsachen nicht gefehlt.

Daß unsere jungen improvisirten Truppen der dänischen Armee entgegen marschirten, ohne mit irgend welchen Hülfsmitteln zur Pflege der Verwundeten versehen zu sein, darüber wird sich Niemand wundern, wer die damalige Zeit mit erlebt hat.

Die Aerzte gingen zum großen Theil als Kämpfer mit und wer von diesen außer seiner Büchse noch ein primitives Amputationsbesteck im Brodbeutel trug, der hielt sich für vollkommen ausgerüstet, um als Soldat zugleich und als Arzt seine Pflicht zu thun. Fast konnten wir es als ein Glück betrachten, daß nach den Gefechten bei Bau und Flensburg die Dänen uns die Sorge für unsere Verwundeten abnehmen mußten.

Aber waren die preußischen Truppen, welche uns zu helfen eilten, etwa besser versehen? Auch sie kamen ohne Ambulancen und Feldlazarette ins Land, und als am 23. April die Schlacht bei Schleswig geschlagen wurde, fehlte es gar sehr an Aerzten, Helfern und Verbandmitteln. Erst viel später wurden 16 Aerzte mit den Materialien eines Feldlazarettes für 500 Betten nachgesendet. Doch hatte die Privathülfe sich mächtig geregt und sehr bald alle Noth abgewendet.

Und dieselben Scenen wiederholten sich im Jahre 1864 nach den blutigen Gefechten von Selk und Oeversee (3. und 6. Februar), nur noch verschlimmert durch die kalte Winterszeit. Den österreichischen Truppen fehlte es gleich sehr an Aerzten, wie an Lazarettmaterial, und die 1000 Verwundeten, welche sich bis zum 7. Februar in Schleswig gesammelt hatten, wären ohne Hülfe gewesen, wenn nicht die Aerzte und Bewohner der Stadt mit der größten Opferwilligkeit sich der Pflege der Verwundeten angenommen hätten. Erst am vierten Tage nach der Schlacht kamen österreichische Aerzte und noch viel später folgten die Lazarettanstalten.

Man braucht nicht Arzt zu sein, um zu wissen, daß die Hülfe, welche zu spät kommt, nur selten im Stande ist, das wieder gut zu machen, was zu Anfang versäumt wurde. In jeder Schlacht fallen eine Menge der schwersten Verletzungen vor, welche in den ersten Stunden schon eines sorgfältigen Verbandes oder einer schwierigen Operation bedürfen, wenn das Leben erhalten werden soll.

Und wenn wir nun hören, wie nach allen großen Schlachten auch der neuesten Zeit Tausende von Verwundeten der schwersten Art zwei, drei und mehrere Tage lang ohne jegliche Hülfe auf den Schlachtfeldern gelegen haben in brennender Sonnengluth und in eisigen Nächten und unter unsäglichen Qualen verblutet, verhungert, verschmachtet, bei lebendigem Leibe verfault sind, dann drängt sich uns immer wieder die Frage auf, ist es denn nicht die Pflicht der Staaten, welche solche Heeresmassen gegen einander zum Kampfe führen, auch dafür zu sorgen, daß die Anstalten zur Rettung der Verwundeten in genügenderer Weise getroffen, daß die Sanitätseinrichtungen in gleichem Maßstabe verbessert und vervollkommnet werden, wie die zum Vernichten des Feindes bestimmten Waffen?

Ich will mich nicht zum Vertheidiger der bestehenden Verhältnisse aufwerfen, denn ich weiß, daß in dieser Beziehung noch Vieles zu wünschen übrig bleibt, aber ich bin der Meinung, daß nur von einem ganz idealistischen Standpunkte aus jene Frage bejahend beantwortet werden kann.

Nehmen wir die Dinge, wie sie einmal sind, und nicht, wie sie sein sollten, so müssen wir uns gestehen, daß das Mißverhältniß in der Natur der Sache liegt und vor Allem darin, daß zwei so heterogene Dinge, wie Krieg und Barmherzigkeit, an einander gebunden sind und in einer Hand vereinigt sein müssen, während in dem Augenblick, wo ein Krieg ausbricht, alles Andere zurück stehen muß vor dem einen Zweck, den Feind zu besiegen.

Wie sollte wohl ein General, und wäre er noch so erfüllt von Barmherzigkeit und edelster Menschenliebe, es verantworten können, wenn er vor dem Beginn einer großen Schlacht nicht alle Kräfte daran setzen wollte, so zahlreiche Truppen heranzuziehen, als zum Siege nothwendig, so zahlreiches Geschütz, Munition, Reserve, um dem Feinde gewachsen zu sein. Und falls dabei die Sanitätstruppen und ihr Material, die Ambulancen und Lazarette dem Vorrücken hinderlich wären, er muß sie zurück lassen, wo es sich um Sieg oder Verlust handelt.

Es sind in neuerer Zeit sehr große Anstrengungen gemacht worden, die Armeen mit ausreichendem ärztlichen Personal und Hülfsmitteln jeder Art zu versehen, um allen Verwundeten rechtzeitige Hülfe bringen zu können. Für kleinere Schlachten reichen diese Mittel auch in der Regel aus. Sollte aber eine Armee Alles das mit sich führen, was für eine Schlacht von der Dimension der von Königgrätz erforderlich wäre, so müßte nothwendig der Troß in einer Weise vermehrt werden, daß er an die Zustände des Mittelalters erinnerte, und die Bewegungen der Heere in höchstem Grade beeinträchtigte.

Aber wenn auch für die erste große Schlacht alle Vorbereitungen zur Pflege der Verwundeten getroffen wären, wie wird es sein, wenn bald darauf eine zweite und dritte folgt? Durch die Verwundeten der ersten Schlacht wird fast alles Personal und Material in Anspruch genommen sein, und neue Aerzte lassen sich nicht so leicht herbeischaffen wie Reserven und Munitionen.

Und wenn nun mit solchen Gedanken jeder Officier vertraut ist und sein muß, so darf man sich nicht wundern, daß auch bei den Vorbereitungen zum Kriege während des Friedens weniger Werth gelegt wird auf die Sanitätseinrichtungen, als auf die Mittel des Angriffs und der Vertheidigung, und daß in vielen Staaten die Sanitätspflege immer noch als ein Stiefkind des

Heerwesens betrachtet wird. Mehr als einmal hat man auch schon die Frage aufgeworfen, ob es nicht zweckmäßiger sein würde, die Sanitätspflege ganz von der Armee-Verwaltung zu trennen, als zwei so heterogene Elemente in einer Hand zu lassen. In der Praxis würde aber eine solche Trennung auf unüberwindliche Schwierigkeiten stoßen, und somit bleibt den Staaten für jetzt nichts Anderes übrig, als es anzuerkennen, daß sie nicht im Stande sind, im Kriege der freiwilligen Hülfe zu entbehren.

Die freiwillige Hülfe hat nun auch, wie allgemein bekannt, in allen neueren Kriegen eine immer größere Rolle gespielt; ihre Leistungen sind mit der zunehmenden Noth stetig gewachsen und haben am Schlusse jedes Krieges die großartigsten Dimensionen angenommen.

Meine Damen und Herren! Die Barmherzigkeit ist ein Gefühl, welches sich in der Brust jedes unverdorbenen Menschen regt und ihn zur helfenden That treibt, sobald Noth und Elend ihm entgegentreten, und es darf wohl behauptet werden, daß das Samariterthum so alt sei, wie die Menschheit. Aber, ebenso gewiß ist es, daß in neuerer Zeit sich die Opferwilligkeit und Mildthätigkeit viel allgemeiner und in einer so unendlich viel großartigeren Weise geltend gemacht hat, als noch zu Anfang dieses Jahrhunderts, und wir dürfen das wohl mit Recht als einen Beweis betrachten, daß unsere Zeit in der Humanität mächtige Fortschritte gemacht hat und auch in dieser Beziehung höher steht, als die sogenannte gute alte Zeit.

Es würde mich zu weit führen, wollte ich hier auf die Geschichte der freiwilligen Hülfe näher eingehen; es wird genügen, Ihnen in raschen Zügen ein oberflächliches Bild der hauptsächlichsten Bestrebungen ins Gedächtniß zurück zu rufen.

Was zunächst in unserem Lande die freiwillige Hülfe geleistet hat, wie die zahlreichen Vereine, welche seit 1848 in allen Feldzügen rasch entstanden, gewirkt und wie vor Allen die Frauen und Jungfrauen Schleswig-Holsteins mit der größten Aufopferung und den herrlichsten Erfolgen gearbeitet und geschafft haben, das wird von Niemandem vergessen sein.

Wenn unsere junge Armee ohne Sanitätsausrüstung dem Feinde entgegen zog, wenn Preußens helfende Truppen den blutigen Kampf bei Schleswig bestanden, ehe das Hülfsmaterial herangezogen war, wenn bei Oeversee Oesterreichs eiserne Brigade sich in Schnee und Eis mit zerschmetternder Wucht auf den Feind stürzte, ehe noch ihre Lazarette die Grenzen des Landes überschritten hatten, so haben die rasch ins Leben tretenden Vereine ihr Möglichstes gethan, die erste und noch mehr die folgende Noth zu lindern.

Und je mehr sich der Krieg in die Länge zog, je größer die Zahl der Hülfsbedürftigen wurde, um so eifriger wurde gegeben und gesammelt, um so unermüdlicher arbeiteten unsere Damen, um so mehr bestrebte man sich, den Verwundeten und Kranken in den Lazaretten Nichts abgehen zu lassen, die Reconvalescenten zu pflegen und auch die gesunden vor dem Feinde stehenden Krieger zu erquicken.

Und nicht minder thätig, wie die im Lande selbst, waren die in Hamburg, Berlin, Wien und anderen Orten entstandenen Vereine und mit ihnen wetteiferten die protestantischen und katholischen Pflegerinnen und die Ritter des Johanniterordens, welche hier zuerst wieder, sich ihrer alten Aufgabe erinnernd, auf dem Kampfplatz erschienen.

In ähnlicher Weise, wenn auch in noch größerem Maßstabe wirkten in dem italienischen Kriege die Hülfsvereine der Italiener wie der Oesterreicher, und wenn auch ihre Hülfe nicht rechtzeitig genug eintraf, um die grauenvollen Scenen der Schlachtfelder von Magenta und Solferino zu verhüten, so haben sie doch unendlich Vieles geleistet, um die Noth und den Jammer, der später folgte, so viel als möglich zu lindern.

Zur mächtigsten Entwickelung aber kam in Deutschland die freiwillige Hülfe während des kurzen aber blutigen Krieges des Jahres 1866.

Vor Allen nenne ich hier den Centralhülfsverein in Berlin, welcher sich schon im Jahre 1864 gebildet, und seine ersten Erfahrungen in dem Kriege gegen die Dänen gesammelt hatte. Hervorgegangen aus den Genfer Bestrebungen, hatte sich derselbe nach Beendigung des Feldzuges in Schleswig nicht wieder aufgelöst, organisirte sich aber, als die Aussichten kriegerischer wurden, schon im April 1866 aufs Neue, erhielt Corporationsrechte und erließ am 3. Juni einen Aufruf an die Nation zur Bildung von Zweigvereinen, von denen sich auch im Laufe des Krieges mehr als 150 an ihn anschlossen.

Dieser Verein trat in enge Verbindung mit der staatlichen Hülfe durch den Kanzler des Johanniterordens, Graf Eberhard zu Stolberg-Wernigerode, welcher zum Königl. Commissär und Militärinspector der freiwilligen Krankenpflege bei der Armee ernannt, zugleich die Function eines Generalbevollmächtigten des Berliner Centralcomités übernahm und es veranlaßte, daß die von ihm auf den Kriegsschauplatz delegirten Johanniterritter zugleich als Delegirte des Centralvereins betrachtet wurden.

Im Vereine mit den Johannitern, welche selbst große Geldsummen zusammengebracht, ihre Ordenskrankenhäuser zur Disposition gestellt und eine Colonne von Krankentransportwagen und Räderbahren ausgerüstet hatten, hat der Centralverein während des Krieges unendlich segensreich gewirkt, an Geld und Material mehr als 2 Mill. Thaler zusammengebracht und von Berlin wie von den Localvereinen aus unaufhörlich die Lazarette mit Hülfsmitteln aller Art unterstützt. Täglich mehrmals gingen Extrazüge, beladen mit Tausenden von Centnern an Lazarettbedürfnissen, Erfrischungen und Nahrungsmitteln auf die verschiedenen Kriegsschauplätze, an die Truppen und in die Lazarette oder in die Depots, von denen aus durch die Johanniter, Diaconen und andere Freiwillige die Vertheilung besorgt wurden.

Aber neben dem Centralhülfsverein und dessen Filialen bilreten sich noch zahlreiche andere Vereine, welche eine nicht minder große Thätigkeit entwickelten, wie der Berliner Hülfsverein für die Armee im Felde, welcher mehr als 130,000 Thaler gesammelt und mit enormen Kostenaufwande eine der schönsten Kasernen Berlins in ein Lazarett verwandelt und in demselben die Verpflegung der Verwundeten übernommen hatte; ferner der Frauenverein für die Lazarette Berlins, aus 250 Damen bestehend, welcher unter der persönlichen Leitung Ihrer Majestät der Königin Augusta mit der größten Opferwilligkeit und Ausdauer nicht nur das Centralcomité in seiner Arbeit unterstützte, sondern auch überall in den Lazaretten Berlins die Sorge für Pflege und Reinlichkeit übernahm.

Und wie in Berlin, so arbeiteten auch in den übrigen preußischen Städten und Provinzen Männer und Frauen mit gleicher Opferwilligkeit für den gemeinsamen Zweck, und die Thätigkeit wurde um so größer und umfassender, je näher die Orte dem Kriegsschauplatze lagen.

Aber nicht allein Preußen, sondern das ganze deutsche Volk hat sich in diesem Kriege in einer früher nicht gekannten Weise an der Sorge für die Verwundeten und Kranken betheiligt. Nicht nur in den dem preußischen Staate mehr oder minder nahestehenden Ländern und Städten, wie Hamburg und Bremen, Altona und Kiel, entfalteten die Vereine dieselbe Thätigkeit wie in früheren Kriegen; ganz in derselben Weise wirkten sie auf feindlicher Seite, vor allen der patriotische Hülfsverein in Wien, die Vereine in Sachsen, Bayern, Würtemberg, Baden, Hessen, Frankfurt u. s. w.

Was von allen diesen Vereinen und von Privaten während des Krieges an Geld und Material zusammengebracht und zum Besten der verwundeten und kranken Soldaten verwendet worden ist, das beläuft sich auf einen Werth von vielen Millionen.

Aber trotz der Großartigkeit aller dieser Leistungen darf es nicht verschwiegen werden, daß die Erfolge der freiwilligen Hülfe bis dahin weit zurück geblieben sind hinter den Erwartungen, welche man sich davon versprochen hatte, daß die Leistungen keineswegs gleichkamen der kolossalen Thätigkeit, welche das Volk überall entwickelte. Von den enormen Summen Geldes, welche gesammelt, von dem unermeßlichen Material, welches geliefert worden, ist Vieles in ungeeigneter Weise vertheilt und verwendet, sehr Vieles in unrichtige Hände gelangt, verloren gegangen oder ungenutzt liegen geblieben.

Wenn auch die Zustände nicht so schlimm waren, wie in Rußland, wo während des Krimkrieges unglaubliche Massen von Charpie und Leinwand in die Hände von Papierfabrikanten geliefert sein sollen, so lagen doch auch im Jahre 1866 an den verschiedensten Orten, auf den Eisenbahnstationen und in den Depots große Massen von Lazarettbedürfnissen ungenützt, während in nicht weit entfernten Lazaretten der bitterste Mangel herrschte. Die werthvollsten Sendungen von Instrumenten und Bandagen, von Erfrischungen und Pflegemitteln sind spurlos verschwunden oder wenigstens niemals in die Hände gelangt, für die sie bestimmt waren.

Und in welcher Weise nicht selten die Thätigkeit ganzer Vereine sich zersplitterte oder auf ganz verkehrte Ziele gelenkt wurde, wie an manchen Orten eine völlige Unkenntniß der Bedürfnisse, an anderen die größte Unentschlossenheit in der Verwendung der Mittel herrschte, das wissen am besten diejenigen, welche während des Krieges in der Mitte der Begebenheiten standen.

Dazu kommt, daß bisher die freiwillige Hülfe noch immer dieselben Erfahrungen hat machen müssen, welche, wie wir gesehen, die staatliche Hülfe zu Anfang jedes Krieges zu machen pflegt. Sie kommt wie diese zuerst immer zu spät.

Es liegt das nur zum Theil in der freilich schwer zu begreifenden Thatsache, daß sich in fast allen Kriegen die Regierungen zuerst abweisend verhalten haben gegen die Hülfe des Volkes und erst allmählich sich dazu verstanden, dieselbe auch officiell anzuerkennen und zu benutzen.

Es braucht wohl kaum an die mehr als entmuthigende Zurückweisung erinnert zu werden, welche zu Anfang des Krieges von 1864 der hiesige Centralhülfsverein erfahren mußte. Viel schroffer noch lehnte die österreichische Regierung zu Anfang des italienischen Krieges von 1859 die früher schon bewährte Hülfe ab, welche der Wiener patriotische Verein anbot. Erst lange nach der Schlacht von Magenta, als in Verona schon 8000 Verwundete lagen und bei der großen Hitze Unsägliches litten, wurden die Anerbietungen des Vereins mit Dank angenommen.

Zum größten Theil liegen die genannten Mängel darin, daß es der freiwilligen Hülfe an einer zweckmäßigen Organisation gefehlt hat.

Erst durch eine solche können die Organe derselben in den Stand gesetzt werden, zur rechten Zeit und in der richtigen Weise dort einzugreifen, wo die staatliche Hülfe nicht ausreicht.

Es gehört dazu nicht nur das Verständniß der vorhandenen Bedürfnisse, sondern auch die richtige Ordnung und Unterordnung, ohne welche sich, vor Allem in kriegerischen Zeiten, jede Thätigkeit nothwendig zersplittern muß

Es gehört dazu ein enger Anschluß an die staatlichen Behörden, wie es auch von der berühmtesten und selbständigsten freiwilligen Krankenpflegerin, der Miß Nightingale, anerkannt werden ist. Dieselbe schrieb in einem Briefe an die Kronprinzessin Victoria: In jedem Kriege wird freiwillige Hülfe jeder Art immer sehr wünschenswerth und selbst unentbehrlich sein; aber meine Erfahrung ist, daß sie sich ganz genau im Verhältniß, wie sie der Thätigkeit und Organisation des Staates incorporirt und mit ihr verschmolzen ist, nützlich erweist; im anderen Falle wird sie nachtheilig und selbst bedenklich).

Je mehr man in neuerer Zeit zu dieser Erkenntniß gekommen

ist, desto mehr ist das Streben erwacht, der **freiwilligen Hülfe eine möglichst zweckmäßige Organisation zu geben**, und zwar schon während des Friedens.

Als der Ausgangspunkt dieser Bestrebungen muß die **erste internationale Conferenz zu Genf** angesehen werden, welche im Jahre 1863 stattfand, und die Veranlassung zu derselben gab eben jener Genfer Bürger, den ich Ihnen schon früher genannt, Henri Dunant und seine berühmte Schrift: **Un souvenir de Solferino.**

In dieser Conferenz wurden folgende zwei Vorschläge berathen und angenommen:

1. **Es muß schon im Frieden für die Pflege und Heilung der im Kriege Verwundeten Sorge getragen werden**. Für diesen Zweck müssen sich in jedem Lande **nationale Ausschüsse** bilden, welche die Aufgabe verfolgen, den kämpfenden Heeren auf jegliche Art zu Hülfe zu kommen, namentlich durch Stellung freiwilliger Krankenwärter, Anschaffung von Transportmitteln und Errichtung von Lazaretten. Dieselben müssen sich schon im Frieden mit der Verbesserung der Ambulancen, Transportmittel und Spitäler beschäftigen und zu dem Ende sich mit den Regierungen in Verbindung setzen, im ganzen Lande Vereine zu bilden suchen, welche sie unterstützen, und endlich zu **internationalen Congressen** zusammentreten, in welchen man sich über gemeinsame Maßregeln verständigen und die gemachten Erfahrungen mittheilen kann.

2. Der im Kriege verwundete Feind darf in Zukunft nicht mehr als Feind betrachtet, sondern muß für **neutral** erklärt werden. Diese **Neutralität** ist auszudehnen nicht nur auf das Personal, welches der Krankenpflege obliegt, sondern auch auf die Feldlazarette, Verbandplätze, sowie auf die Bewohner des Landes, welche Verwundete aufgenommen haben.

Der letztere Satz bildet den Hauptinhalt der Genfer Convention, welche in dem internationalen Congreß zu Genf am 22. August 1864 von den dort versammelten Vertretern von 12 Staaten unterzeichnet und nach und nach von allen europäischen Regierungen anerkannt worden ist.

Die Annahme des ersten Satzes aber hat zur Folge gehabt, daß seitdem in fast allen Staaten Europas sich Vereine gebildet haben, welche die genannten Zwecke verfolgen und unter sich in internationalen Beziehungen stehen.

Ehe ich aber näher auf die Organisation dieser Vereine und deren Aufgaben für Krieg und Frieden eingehe, kann ich nicht umhin, Ihre Aufmerksamkeit noch für einige Augenblicke auf die gleichen Bestrebungen hinzulenken, welche sich unabhängig von den eben genannten jenseits des Oceans während des großen Bürgerkrieges in Amerika geltend gemacht haben.

Mit einem Gemisch von Grauen und Bewunderung hat die Welt auf die Zähigkeit und Energie geblickt, mit welcher zwei ungleiche Hälften eines Staates, dessen Gesammtbevölkerung die des Norddeutschen Bundes nur um wenige Millionen übersteigt, vier Jahre lang einen furchtbar blutigen Kampf um die wichtigsten Principien des Staatslebens geführt haben.

Um einen Begriff von den Dimensionen dieses Kampfes zu geben, bemerke ich, daß allein der Norden 2,600,000 Mann ins Feld gestellt hat, von denen mehr als 280,000 Mann an Wunden und Krankheiten gestorben sind, während über die nicht minder großen Verluste des Südens genauere Angaben fehlen.

Gerechte Bewunderung aber verdienen die großartigen Leistungen, welche auf dem Gebiete der freiwilligen Hülfe während dieses Krieges auf beiden Seiten, vor Allem aber in den Staaten der Union, zu Tage getreten sind.

Fast Alles, was hier in dieser Beziehung geschehen, ist ausgegangen von der in der ganzen Welt berühmt gewordenen Sanitätscommission der Vereinigten Staaten,

und ich kann nicht umhin, Ihnen ein flüchtiges Bild von
der Thätigkeit dieser Commission zu entwerfen, denn hier sind
die Amerikaner uns mit einem so glänzenden Beispiele vorangegangen, daß es im nächsten Kriege den Europäern schwer werden
dürfte, auch nur etwas Aehnliches zu erreichen.

Als am 13. April 1861 der Präsident Lincoln die ersten
75,000 Mann zu den Waffen rief und das Volk der Vereinigten
Staaten dieser Aufforderung mit dem größten Enthusiasmus entsprach, war die Regierung in keiner Weise auf einen solchen Krieg
gerüstet. Natürlich fehlte es auch dem Sanitätswesen an jeglicher Vorbereitung, an Instrumenten, Arzneien und Verbandmitteln. Es bildeten sich deßhalb sofort überall Vereine zu dem
Zweck, den Verwundeten und Kranken der Armee zu Hülfe zu
kommen. Diese überschwemmten die Regierung und die Kommandos
mit zahllosen Sendungen aller Art, welche aber die ohnehin große
Verwirrung und Unordnung nur vergrößerten und daher ihre
Bestimmung meist nicht erreichen konnten.

Sehr bald kam man daher zu der Ueberzeugung, daß zu
einer zweckmäßigen Wirksamkeit vor Allem eine feste Organisation der Privathülfe nothwendig sei, und in diesem Sinne
traten schon am 25. April 100 der angesehensten Damen NewYorks zu einer Central-Association zusammen, welche ein
Comité ernannten, an dessen Spitze ein berühmter Arzt
(Valentin Mott), ein als Philanthrop bekannter Geistlicher
(Dr. Bellows) und ein gleichfalls berühmter Publicist (Olmsted) gestellt wurden.

Dieses Comité suchte sich zunächst über die bestehenden
Mängel in der Sanitätspflege und die Bedürfnisse der Armee
zu unterrichten, um darnach der freiwilligen Hülfe ihre Ziele
anweisen zu können, es richtete deßhalb an den Chefarzt der
Armee eine Reihe von wohldurchdachten Fragen, welche sich bezogen auf die Ausrüstung der Armee mit ärztlichen Kräften, mit
Arznei und Verbandmitteln, auf die Gesundheitsverhältnisse, die
Bekleidung und Verpflegung der Truppen, auf die zu erwarten-

den Krankheiten und auf die Möglichkeit, von Seiten des Vereins hier helfend einzugreifen.

Aber es ging dem Comité Anfangs nicht besser, wie so manchen Hülfsvereinen in Europa. Der Chefarzt lehnte mit einigen schönen Worten jede Einmischung der freiwilligen Hülfe ab, versicherte, daß das medical office für alle Fälle gerüstet sei und daß seine Einrichtungen sich in dem Kriege gegen Mexico glänzend bewährt hätten. Man möge deßhalb sich nicht in Sachen mischen, die Unbetheiligte nichts angingen und das Publikum nicht unnöthig aufregen. Wolle man durchaus etwas thun, so könne die Commission durch Einsendung von Schlafröcken, Hemden, Socken und Pantoffeln sich immerhin nützlich machen.

Nun wurde eine Deputation an die Regierung in Washington geschickt, welche indeß bei der allgemeinen Verwirrung zuerst gar keine, dann aber gleichfalls eine ablehnende Antwort erhielt.

Indessen ließ das Comité sich dadurch nicht abschrecken: seine immer wiederholten Gesuche an die Regierung wurden kräftig von der Presse und der öffentlichen Meinung unterstützt, und so sah sich am 13. Mai der Präsident genöthigt, eine, wenn auch beschränkte Einmischung der freiwilligen Hülfe zu erlauben.

Es constituirte sich nun sofort die Sanitäts-Commission und begann ihre Arbeit nach einem so durchdachten Plan, von so großartigen Gesichtspunkten aus, mit einer so rücksichtslosen Energie und einem so eisernen Fleiß, daß ihre Leistungen nicht bloß im Volke wie in der Armee der Vereinigten Staaten, sondern in der ganzen Welt die allergrößte Anerkennung gefunden haben.

Die Commission hatte sich gleich Anfangs so organisirt, daß sie zwei Comités erwählte, von denen das eine die vorhandenen Mängel und Uebelstände in der Sanitätspflege der Armee zu ermitteln, das zweite aber die Vorschläge zur Abhülfe derselben zu machen hatte.

Unter jedem dieser Comités standen wieder drei Unterabtheilungen, welchen die Sorge für die Ausführung der Beschlüsse und Maßregeln übertragen waren und welche jede in ihrer Branche eine rastlose Thätigkeit entfalteten.

Da die Commission von dem Gesichtspunkte ausging, daß man vor allen Dingen sich der Autorität der Regierung stets unterordnen müsse, so wurden zunächst in Washington Bureaux errichtet, welche mit den Bureaux der Regierung im engsten Verkehr standen. Von dort aus versendete man 20 erprobte Aerzte als Inspectors of sanity an alle Heeresabtheilungen mit dem Auftrage, sich genau über die Gesundheitsverhältnisse derselben zu unterrichten. Die Berichte, welche diese (nach einem vorgeschriebenen Schema von 200 Fragen) nach Washington einsendeten, wurden von einem statistischen Bureau zusammengestellt und gaben bald eine vollkommene Uebersicht über den Gesundheitszustand der Armee, so daß man darnach die geeignetsten Maßregeln zur Abhülfe der vorhandenen Uebelstände ergreifen konnte.

Gleichzeitig wurden durch Aussendung von 80,000 Circulären die einflußreichsten Bürger in allen Städten der Union aufgefordert, sich an der Arbeit der Commission zu betheiligen und bald hatten sich mehr als 32,000 Frauen-Comités gebildet, welche alle in demselben Sinne wirkten.

Unermeßliche Sendungen von Geld, Erfrischungen, Nahrungsmitteln, Medicamenten, Verbandsachen und Lazarettbedürfnissen strömten von allen Seiten herbei, wurden in großen Centraldepots in New-York, Washington, Louisville gesammelt und von hier aus wieder in Magazine vertheilt, welche überall in der Nähe der Kriegsschauplätze errichtet waren.

Fliegende Depots in Wagencolonnen oder auf Eisenbahntrains, reichlich versehen mit Aerzten und Beamten der Commission, folgten jeder Armee in möglichst geringer Entfernung nach und bald entfalteten die letzteren einen solchen Eifer und eine solche Schnelligkeit, daß sie nicht selten viel eher auf dem Schlachtfelde erschienen, als die ärztlichen Beamten der Armee.

So waren in der Schlacht bei Gettysburg, wo sich Armeen

von 90—100,000 Mann gegenüber standen, die Commissäre schon auf dem Platze, ehe noch die Aerzte der Truppen ausgepackt hatten, und haben nach der Schlacht die Verpflegung und ärztliche Behandlung von mehr als 14,000 Verwundeten übernommen.

Und in der Schlacht bei Sharpsburg versah das Personal der Commission den ärztlichen Dienst ganz allein und verband 8000 Verwundete, während die Sanitätsbeamten der Regierung mit ihrem Material erst 3 Tage später eintreffen konnten.

Um die Verwundeten vom Kriegsschauplatze in die Lazarette zu transportiren, hatte die Commission die großartigsten Anstalten getroffen.

Berühmt geworden sind die vortrefflich eingerichteten **Hospital-Eisenbahn-Waggons**, welche je 30 in Kautschukfedern hängende Betten enthielten und in welchen viele Tausende von Kranken und Verwundeten, begleitet von Aerzten und Krankenwärtern, ohne Schaden Hunderte von Meilen von den Schlachtfeldern direct in die Lazarette transportirt worden sind.

Nicht minder gute Dienste leisteten die **Hospitalschiffe**, zum Theil riesige atlantische Dampfer, welche ganz zu Hospitälern eingerichtet, mit zahlreichem ärztlichen Personal versehen und unter dem Befehl eines Chefarztes, große Massen von Verwundeten und Kranken von einem Hafen der Union zum anderen schafften.

Das größte Verdienst aber um die eigentliche Krankenpflege erwarb sich die Commission durch die Erbauung der großen **Baracken-Hospitäler**, auf deren Einrichtung ich etwas näher eingehen muß, weil dieselben einen **außerordentlichen Fortschritt in der Kriegsheilpflege** bezeichnen.

Man hatte zu Anfang des Krieges in Amerika dasselbe System für die Einrichtung von Lazaretten befolgt, welches in allen neueren Kriegen in Europa das gebräuchliche gewesen ist, d. h. man nahm zur Unterbringung der Verwundeten diejenigen größeren Gebäude, welche sich in der Nähe des Kriegsschauplatzes vorfanden, als Schulen, Kirchen, Fabriken, Magazine und Hotels und richtete sie, so gut es gehen wollte, zu Lazaretten ein.

Aber solche Nothlazarette eignen sich mit wenigen Ausnahmen sehr schlecht für diesen Zweck und bedrohen die Verwundeten mit all den schrecklichen Krankheiten, welche sich in Folge ihrer Zusammenhäufung entwickeln und die man unter dem Namen der Hospitalkrankheiten zusammenfassen kann. Zu diesen gehören unter anderen die Pyämie, das Eiterfieber, der Hospitalbrand und der Lazarettthyphus, und es pflegen daran um so viel mehr Verwundete zu Grunde zu gehen, je ungünstiger die Localitäten und je mehr sie mit Verwundeten angefüllt sind.

Daß verdorbene Luft die hauptsächlichste Ursache aller dieser Krankheiten sei, ist von den Aerzten schon seit langer Zeit erkannt worden und ebenso lange hat sich die Hygiene mit der Aufgabe beschäftigt, die Verderbniß der Luft zu verhüten, die verdorbene so rasch als möglich zu entfernen und vor ihrem Einfluß die Kranken zu schützen.

Zur Lösung dieser Aufgabe sind verschiedene Wege eingeschlagen worden. Bei der Erbauung von Friedens-Hospitälern sucht jedes Hospitalsystem den Principien der Hygiene auf seine Weise durch die Construction der Gebäude, durch die Art der Ventilation und der Heizung u. s. w. gerecht zu werden.

Im Kriege hat man in neuerer Zeit theils durch die Zerstreuung der Kranken, theils durch Behandlung derselben in Zelten oder luftigen Baracken die Gefahren abzuwenden gesucht, und dadurch schon in der Krim und in Italien günstige Erfolge erzielt. Aber das alte System der Noth-Hospitäler war doch nirgends als verwerflich verurtheilt und ist noch in dem letzten deutschen Kriege in größter Ausdehnung zur Anwendung gekommen.

In Amerika ging man energischer zu Werke. Kaum waren nach den ersten Gefechten dieselben traurigen Erfahrungen mit den Noth-Lazaretten gemacht worden wie in Europa, als die

Sanitäts-Commission sich ernstlich mit der Frage beschäftigte, ob es nicht möglich sei, die schädlichen Einflüsse, von denen die Verwundeten noch nach der Schlacht decimirt wurden, ganz fern zu halten, und auch im Kriege solche Lazarette zu schaffen, in denen alle Bedingungen für eine rasche Heilung gegeben seien.

Der praktische Sinn der Amerikaner fand rasch die Lösung dieser Frage. Indem man die Grundsätze der Hospitals-Hygiene an die Spitze stellte, in Betreff des Baumaterials aber alle Vorurtheile bei Seite warf, errichtete man aus Brettern in größter Geschwindigkeit Lazarette im Pavillon-System, die in Betreff der Räumlichkeit, der Lüftung, der Reinlichkeit wenig zu wünschen übrig ließen und in Betreff der Salubrität die besten Hospitaleinrichtungen in der ganzen Welt übertrafen.

Um Ihnen eine Vorstellung von diesen Barackenlazaretten zu geben, habe ich einige Modelle und Bilder anfertigen lassen.

Sie sehen hier das Modell einer einzelnen Baracke aufgestellt, an welchem Sie die innere und äußere Einrichtung derselben mit einem Blicke übersehen können (Fig. 1). Es ist ein einfacher langer und schmaler Raum, mit 32 Fenstern und 4 Thüren versehen, welcher 60 Betten enthält, die an beiden Seitenwänden entlang zwischen den Fenstern so aufgestellt sind, daß in der Mitte ein breiter Zwischenraum frei bleibt. Das Dach ist seiner ganzen Länge nach oben offen gelassen, so daß die schlechte Luft, welche sich in der Baracke entwickelt, sofort nach oben entweichen kann (Dachfirst-Ventilation). Ueber dem mehrere Fuß breiten Dachspalt ist ein Schutzdach angebracht, welches das Eindringen von Regen und Schnee verhütet und bei großer Kälte ganz oder theilweise geschlossen werden kann. In diesem Falle wird dann die Ventilation durch die vier Coaksöfen vermittelt, welche die Baracken heizen*).

*) Näheres über die Einrichtung dieser Baracken und über das ganze amerikanische Lazarettsystem habe ich mitgetheilt in meiner Schrift: Verbandplatz und Feldlazareth. Berlin bei August Hirschwald. 1868.

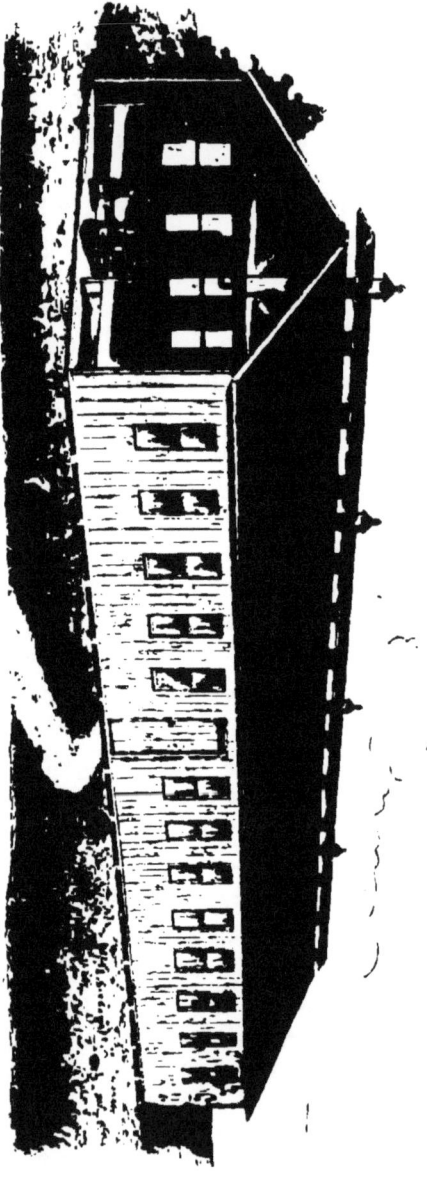

Fig. 1.

Modell einer amerikanischen Hospitalsbaracke.
Ein Fünftel der Länge ist weggeschnitten, um die innere Einrichtung und einen Ofen zu zeigen.

In welcher Weise die einzelnen Baracken (Pavillons) zu
einem größeren Hospital zusammen gestellt werden können, sehen
Sie an diesem Modell des Hicks General Hospitals,
welches in der Nähe der Stadt Baltimore in Maryland erbaut war (Fig. 2).

Für 1200 Betten eingerichtet, bestand es aus 20 Kranken-
Pavillons zu je 60 Betten, welche um einen halbmondförmigen
gedeckten Corridor wie die Radien eines Halbkreises und so aufgestellt waren, daß die Thür am centralen Ende jeder Baracke
in diesen Corridor mündete. Den mittelsten Radius bildete der
große Speisesaal, in welchem alle Reconvalescenten gemeinschaft-
lich aßen, und unmittelbar daran stieß die Küche, von wo aus auf
einer Eisenbahn, welche in der Mitte des ganzen Corridors entlang lief, das Essen mittelst geheizter Speisewagen in alle Kran-
kensäle transportirt wurde. Dem Eßsaal gegenüber an der vorderen
Front des Halbmondes befand sich ein großes hölzernes Gebäude
für die Administration und daneben lagen mehrere kleinere für
die Apotheke, den Operationssaal, die Post und die Leinen-
vorräthe. Auf dem freien Platz, hinter den Kranken-Pavillons,
sehen Sie noch zahlreiche Baracken von verschiedener Form und
Größe vertheilt, welche für die verschiedenartigsten Zwecke bestimmt
waren, als für Vorräthe aller Art, für die Montirungskammer,
für Wäscherei und Dampfmaschine, für das Wasserreservoir,
für Eis und für die Feuerlöschanstalten. Andere dienten zur Aufnahme für einzelne gefährliche oder ansteckende Kranke, oder für
die Leichen, oder zur Wohnung für die Aerzte, Wärter und Be-
amte jeder Art.

Die Zahl und Anordnung aller dieser Baracken war übrigens in den einzelnen Hospitälern eine sehr verschiedene.

Um Ihnen ein anderes Beispiel vorzuführen, habe ich in
Fig. 3 das Mower General-Hospital darstellen lassen, welches
in der Nähe von Philadelphia errichtet, das größte und vollstän-
digste Militär-Hospital in den Vereinigten Staaten und über-

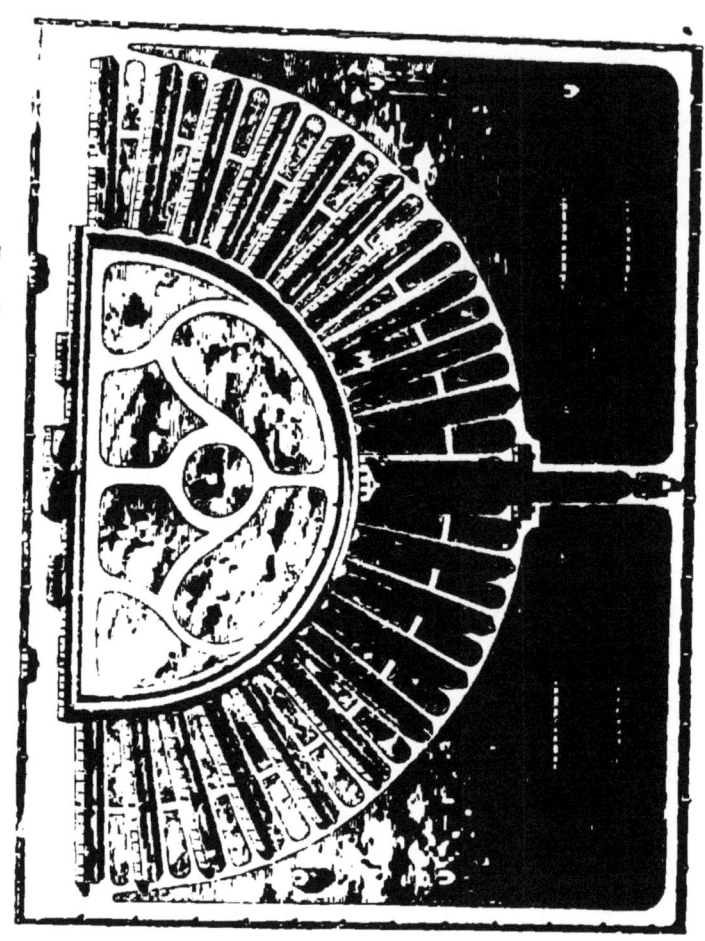

Fig. 2.

Das Kids Central-Hospital bei Baltimore.

Fig. 3.

Das Flower General-Hospital bei Philadelphia.

haupt eins der größten Krankenhäuser in der ganzen Welt gewesen ist.

Ursprünglich erbaut für eine Zahl von 2600 Kranken und ca. 500 Angestellten, wurde es nach und nach so vergrößert, daß 5000 Menschen in demselben untergebracht werden konnten.

Auf einem hoch und schön gelegenen Platze, der einen Flächeninhalt von mehr als 340,000 Quadratfuß hatte, waren 50 Kranken-Pavillons radiär um einen 2400 Fuß langen und 16 Fuß breiten bedeckten Corridor angeordnet, dessen Seitenwände im Sommer weggenommen werden konnten, während er im Winter durch 50 Oefen geheizt wurde und also bei jeder Witterung den Reconvalescenten einen herrlichen Aufenthaltsort gewährte. Hier lagen die übrigen Baracken, welche als Küche, Speisesaal, Administrationsgebäude u. s. w. dienten, fast alle innerhalb des großen Hofes, der von dem bedeckten Corridor umschlossen wurde. Die Eisenbahn, welche vor dem Hospital vorbeiging, setzte dasselbe in directe Verbindung mit dem Kriegsschauplatze am Petomac, so daß die Verwundeten in denselben Waggons, in welche sie zuerst gelagert worden waren, bis an den Eingang des Hospitals gebracht werden konnten.

Als ein kleines, aber schlagendes Beispiel von dem Leben, welches in einer Anstalt von so enormen Dimensionen herrschte, führe ich an, daß in dem Hospital eine eigene Druckerei bestand, welche außerordentlich beschäftigt war, und unter Anderen eine Zeitung druckte, welche von einem der Geistlichen redigirt, zum Theil von den Reconvalescenten und Angestellten geschrieben und allen Kranken unentgeltlich mitgetheilt wurde. Die Kosten dieser Zeitung wurden aus einem Fond bestritten, welcher durch den Verkauf der Küchenabfälle u. dergl. gebildet (Slushfond) monatlich bis zu 900 Dollars betrug.

Von der Sanitätscommission im Vereine mit den ärztlichen Behörden der Armee sind während des amerikanischen Krieges im Ganzen 214 solcher Barackenlazarette mit 130,000 Betten erbaut und zur Pflege der Kranken und Verwundeten verwendet werden. Es braucht wohl kaum erwähnt zu werden, daß nicht alle Hospitäler von einem so großen Umfange gewesen sind, wie diejenigen, welche ich als Beispiel hier vorgeführt habe. Es gab deren manche, welche nur 100 oder einige 100 Betten umfaßten und es liegt auf der Hand, daß die allzu große Ausdehnung solcher Anstalten wieder mancherlei Uebelstände mit sich bringen und namentlich die einheitliche Verwaltung in nicht geringem Grade erschweren müsse. Die Amerikaner gestehen auch selbst zu, daß nur der Mangel an einer genügenden Zahl geeigneter Hospitalchefs sie veranlaßt habe, solche Riesenhospitäler zu erbauen.

Dennoch soll nach dem einstimmigen Urtheil aller Berichterstatter die Verwaltung und Pflege in den meisten dieser Hospitäler eine musterhafte gewesen sein, trotzdem daß die Disciplin der amerikanischen Soldaten begreiflicherweise viel zu wünschen übrig ließ. Es war dies theils dem Pavillonsystem zu verdanken, welches die Uebersicht und Ordnung außerordentlich erleichterte, theils den höchst einfachen und zweckmäßigen Regulativen, welche für diese Hospitäler eingeführt worden waren und welche in möglichst kurzen Worten jedem Angestellten die Pflichten, die ihm oblagen, ins Gedächtniß riefen, theils endlich der strengen Disciplin, welche von den Chefärzten, die mit unumschränkter Machtvollkommenheit über sämmtliche Bewohner des Hospitals versehen und in jeder Beziehung den Officieren der Armee gleichgestellt waren, aufrecht erhalten wurde.

Der große Fortschritt aber, der durch das amerikanische Lazarettsystem erreicht worden ist, liegt meiner Ansicht nach darin, daß man zum ersten Male bei der Errichtung solcher Anstalten die Rücksicht auf die Grundsätze der Hygiene über alle anderen Rücksichten gestellt hat, in einer Weise, wie es selbst für die Erbauung von Hospitälern im Frieden bisher noch kaum versucht worden ist.

Den Amerikanern kam dabei ihre bekannte Vorurtheilslosigkeit vortrefflich zu Statten. Sobald es ihnen klar geworden war, daß die Nothhospitäler zur Heilung der Verwundeten nicht geeignet seien, beruhigten sie sich nicht mehr mit dem Gedanken, daß man im Kriege zufrieden sein müsse, wenn man die Verwundeten überhaupt nur unter Dach bringen könne, möge auch das Local noch so wenig für Lazarettzwecke geeignet sein. Indem sie verlangten, daß für ihre verwundeten und kranken Brüder und Söhne alle die Forderungen erfüllt würden, welche von Seiten der Wissenschaft an ein zur Heilung von Verwundeten bestimmtes Local gestellt werden müssen, ließen sie sich weder durch Rücksicht auf die Kosten, noch auf Mühe und Arbeit, noch auf das äußere Ansehen der Baulichkeiten beirren, sondern gingen einzig von dem Gesichtspunkte der Zweckmäßigkeit aus und lösten auf diese Weise das Problem, nicht nur in kürzester Zeit für jede beliebige Zahl von Verwundeten den ausreichendsten Raum zu schaffen, sondern auch jedem derselben frische und reine Luft in genügendem Maße zuzuführen und jeden Einzelnen vor den üblen Einwirkungen der Ausdünstungen Aller zu schützen.

Man hat Aehnliches zu erreichen gesucht durch das sogenannte Zerstreuungssystem, welches besonders von den Oesterreichern im italienischen Kriege, aber auch im letzten deutschen Kriege von 1866 auf beiden Seiten in großer Ausdehnung zur Anwendung gekommen ist. Dasselbe besteht darin, daß man alle Verwundete und Kranke, welche nur irgend transportfähig sind, so weit als möglich vom Kriegsschauplatze weg in die entfernteren Provinzen des Landes schafft, sie dort in Privathäusern oder in Vereins- und Reservelazaretten unterbringt und für Pflege und Behandlung theils die dortigen Behörden, theils die patriotischen Bürger und Aerzte sorgen läßt.

Dies System vermindert zwar die übermäßige Anhäufung der Verwundeten in unmittelbarer Nähe des Kriegsschauplatzes und erleichtert dadurch den Sanitätsdienst wesentlich, aber zu weit ausgedehnt, hat dasselbe wiederum eine Menge von Nachtheilen, welche sich schwer vermeiden lassen. Nicht nur werden dadurch viele der zerstreuten Kranken ganz der Controle der Militärbehörden entzogen und kehren daher gar nicht oder nicht zur rechten Zeit zu ihren Truppentheilen zurück; auch die Pflege und namentlich die chirurgische Behandlung derselben ist oft in hohem Grade mangelhaft, weil die Civilärzte, welche dieselbe freiwillig übernehmen, in der Kriegschirurgie nicht-selten wenig bewandert sind.

Man hat zwar geltend gemacht, daß in der Regel doch nur die Leichtverwundeten weit transportirt werden, und daß bei diesen es auf die Pflege und Behandlung weit weniger ankomme. Daß dieses entschieden nicht richtig sei, lehrt die Erfahrung. Unter den Verwundeten, welche nach der Schlacht von Königsgrätz in Eisenbahngüterwagen nach Berlin ꝛc. transportirt worden waren, befand sich eine große Zahl von Schwerverwundeten, gegen deren Transport in Friedenszeiten jeder Arzt den energischsten Protest würde eingelegt haben. Wie aber sollte man im Stande sein, eine passende Auswahl unter den Verwundeten zu treffen, in solchen Momenten, wo die Zahl der Aerzte in keiner Weise hinreicht, auch nur Alle rechtzeitig zu verbinden.

Es ist deßhalb nach meiner Ansicht reine Illusion, wenn man meint, daß im nächsten Kriege das Zerstreuungssystem werde besser geregelt sein können. Man wird nach großen Schlachten ebenso, wie früher, wenn alle Locale in der Nähe des Schlachtfeldes von Schwerverwundeten überfüllt sind, die Uebrigen, welche nicht mehr untergebracht werden können, auf Wagen und in Eisenbahnwaggons packen, ohne viel Rücksicht auf die Schwere der Verwundung nehmen zu können und ohne zu wissen, wie weit hin der Transport fortgesetzt werden muß.

Es lehrt ferner die Erfahrung, daß die Verwundeten nicht selten auch fern vom Kriegsschauplatze in Localitäten untergebracht werden, welche zur Aufnahme und Pflege derselben nichts weniger als geeignet sind. Man wird mir einwenden, daß dieses nicht wohl zu begreifen sei, da man ja an solchen Orten, wo nicht die unmittelbare Noth drängt, Zeit genug habe, die zweckmäßigsten Localitäten ausfindig zu machen und mit allen hygienischen Einrichtungen zu versehen, welche von Seiten der Aerzte für nothwendig gehalten werden.

Aber man darf nicht vergessen, daß die Lehren der Hygiene noch keineswegs zum Allgemeingut geworden und daß wir in Deutschland in dieser Beziehung weit hinter England und Amerika zurück sind. Während dort nicht nur die Aerzte und die Regierungen, sondern auch die Volksvertretungen und das ganze Publikum sich in hohem Grade für alle Fragen interessiren, welche auf die Erhaltung der Gesundheit Bezug haben, ist in Deutschland die wissenschaftliche Heilpflege an den Universitäten und Lehranstalten fast noch gar nicht vertreten, wird den jungen Aerzten und selbst denen, welche für den Militärdienst bestimmt sind, officiell noch fast Nichts darüber vorgetragen und wenn auch der ärztliche Stand im Allgemeinen sich immer lebhafter mit den Fragen der Hygiene zu beschäftigen anfängt, so zeigt das Publikum nur hier und da erst ein eben erwachendes Interesse.

Glauben Sie nicht, daß man nur bei uns große Gebäude zum Unterricht der Jugend erbaut, ohne auf die Lehren der Schulhygiene Rücksicht zu nehmen und ohne in Betreff der wichtigsten Fragen nach Luft, Licht, Wärme und Ventilation Sachverständige zu Rathe zu ziehen. Es kommt anderswo sogar noch vor, daß man große Hospitäler errichtet, ohne dem Rathe sachverständiger Aerzte einen maßgebenden Einfluß zu gewähren.

In der Anwendung des Pavillonsystems ist übrigens der Zweck, den die Krankenzerstreuung verfolgt, im Wesentlichen erreicht und somit ist durch die amerikanischen Barackenlazarette das System der Zerstreuung mit dem der Concentration unter einer zweckmäßigen Oberleitung in der glücklichsten Weise vereinigt. Und weil sich dasselbe in einer so glänzenden Weise bewährt hat, so wird man auch in Europa nicht umhin können, das Beispiel der Amerikaner in großer Ausdehnung nachzuahmen, sobald wieder ein Krieg ausbrechen sollte.

Läßt es sich doch schon nachweisen, daß auch bei Erbauung von Friedenshospitälern die amerikanischen Anschauungen mehr und mehr an Boden gewinnen. In Deutschland sind während des letzten Krieges nur vereinzelte Versuche gemacht worden, die Erfahrungen der Amerikaner zu verwerthen, welche damals aber auch erst Wenigen bekannt geworden waren. Nur in Langensalza und Trautenau, in Dresden, Prag und Wien sind, soviel ich weiß, größere Mengen von Verwundeten in luftigen Baracken untergebracht worden und überall ist man mit dem Resultat der Behandlung außerordentlich zufrieden gewesen.

Diese beiden großen Oelgemälde, die von Herrn Wittmaack nach kleinen Skizzen auf das Sorgfältigste ausgeführt worden sind, stellen Baracken dar, welche im Jahre 1866 benutzt worden sind.

Auf diesem Bilde sehen Sie zwei von den Zeltbaracken, welche nach Angabe des General-Stabsarztes der hannoverschen Armee, Dr. Stromeyer, in einem öffentlichen Garten zu Langensalza wenige Tage nach der Schlacht errichtet wurden (Fig. 4). Jede dieser Baracken enthielt 30 Betten und war mit der amerikanischen Dachfirst-Ventilation versehen, hatte aber keine Fenster, deren Anfertigung zu viel Zeit und Geld in Anspruch genommen haben würde. Statt deren war die obere Hälfte der einen Seitenwand ganz offen gelassen und nur mit Vorhängen von Leinewand versehen, welche mittelst eiserner Stangen wie Markisen in die Höhe gestellt werden konnten, herabgelassen aber die Verwundeten gegen Wind und Wetter schützten. Als Sommerlazarette ließen sie kaum etwas zu wünschen übrig.

In ähnlicher Weise hatte man dort bedeckte Kegelbahnen zur Aufstellung von einer Reihe von Betten verwendet und diese haben als Vorbild gedient für die drei schmalen Baracken, welche in Trautenau unter der Leitung der Professoren Mitteldorpf und Vollmann errichtet wurden und welche Sie auf diesem Bilde dargestellt sehen (Fig. 5). Auch hier waren die Verwundeten nur in einer Reihe an der Rückwand der Baracken

Fig. 4.

Stromeyer's Zeltbaracken in Langensalza.

Fig. 5.

Zeltbaracken in Trautenau.

entlang in sehr einfachen Bettstellen gelagert, während die ganze vordere Wand durch Leinewandvorhänge gebildet wurde, die nach Belieben in die Höhe gezogen werden konnten, so daß die Verwundeten bei gutem Wetter fast ganz in freier Luft lagen. Oberhalb der Vorhänge befanden sich noch breite Oeffnungen für den Austritt der verdorbenen Luft. In einem naheliegenden älteren steinernen Gebäude war das ärztliche und Wärterpersonal, die Verwaltung und die Küche des Hospitals untergebracht.

Nicht minder gute Resultate, als in diesen Baracken, wurden von Wilms und Rose in den mehr als luftigen Scheunen erzielt, welche in Libun und anderen Dörfern um Königgrätz zur Behandlung der Verwundeten verwendet und von ihnen als die besten von allen Lokalitäten gerühmt werden sind. Hier befanden sich fingerbreite Spalten zwischen jedem der Bretter, aus welchen die Wände der Scheunen zusammengesetzt waren.

Auch in Berlin wurde im Jahre 1866 von mir der Vorschlag gemacht ein **großes Barackenlazarett nach amerikanischem Muster** einzurichten und darin wenigstens einen Theil der zahlreichen Verwundeten, welche in Berlin lagen und täglich noch anlangten, unterzubringen.

Man hatte mir damals die chirurgische Oberleitung über die 41 Lazarette übertragen, deren 4500 Lagerstätten zum größten Theil schon mit Verwundeten und Kranken belegt waren. Unter diesen befanden sich nicht wenige Fälle der schwersten Art, aber die Lazarette gehörten zum größeren Theile zu der Kategorie derjenigen, welche ich früher als Nothlazarette bezeichnet habe, und welche, vom Standpunkte der Amerikaner aus, als untauglich zur Heilung der Verwundeten erklärt werden mußten. Daß außerdem bei der ungeheuren Ausdehnung der Stadt und Zerstreuung der Lazarette bis an die verschiedensten Endpunkte derselben an eine auch nur einigermaßen genügende Erfüllung der mir gestellten Aufgabe nicht zu denken war, brauche ich nicht zu erörtern, und ich brachte deßhalb am 9. August den Vorschlag ein, auf einem frei und gesund gelegenen Platze in der

Nähe Berlins ein Baradenlazarett von 1000 Betten sofort zu errichten.

Ich hatte dabei den Plan des Hicks General-Hospitals ins Auge gefaßt, den sie hier im Modelle vor sich sehen (Fig. 2), und von sachverständigen Männern in Erfahrung gebracht, daß der raschen Ausführung eines solchen Baues keine erheblichen technischen Schwierigkeiten entgegenstehen würden.

Aber ehe er zur Ausführung kam, erfolgte der Friedens= schluß und traten die drohenden Aussichten auf einen Krieg mit Frankreich mehr in den Hintergrund, und so hielt man es nicht mehr für nöthig, einen so kostspieligen Bau ins Leben treten zu lassen.

Es ist aber sehr zu bedauern, daß man auf diese Weise nicht dazu gekommen ist, mit diesem System einen Versuch in großartigem Maßstabe zu machen, der für einen zukünftigen Krieg von dem größten Werthe gewesen wäre. Daher kommt es denn auch, daß noch jetzt an einflußreicher Stelle sich große Vorur= theile in Betreff dieses Systems erhalten haben, welche vielleicht erst in Folge trauriger Erfahrungen während des nächsten Krieges sich verlieren werden.

Oft genug habe ich die Einwendungen hören müssen, die amerikanischen Baradenlazarette paßten weder für die europäi= schen Verhältnisse, noch für unser Klima, es sei auch wohl viel amerikanischer Humbug dabei gewesen; auch würden die nächsten Kriege in Europa immer von so kurzer Dauer sein, daß es sich gar nicht einmal lohnen würde, solche Lazarette zu erbauen.

Aber wer möchte wohl mit Sicherheit voraus zu sagen, wie lange ein zukünftiger Krieg in Europa noch dauern könnte? Darüber dürften selbst die erprobtesten Strategen sich noch im Zweifel befinden. Daß jene Einrichtungen nicht für unsere Verhältnisse passen sollten, der Einwurf erinnert lebhaft an die Einwendungen, welche Oesterreicher und Franzosen vor 1866 immer gegen die Zündnadelgewehre im Munde führten.

Wahrlich, es handelt sich hier nicht um die Nachäffung eines amerikanischen Humbugs, sondern um das Begreifen und Be=

folgen eines außerordentlichen Fortschrittes in der Kriegsheilpflege, nicht minder groß als der vom alten Gewehr zum Hinterlader.

Das amerikanische System wird sich, das ist meine feste Ueberzeugung, mehr und mehr Bahn brechen, auch für Friedenshospitäler. In wenigen Jahren wird man größere Hospitäler nur nach dem Pavillonsystem erbauen. In England ist das bereits im Princip wie in der Praxis anerkannt. In London wird das große und berühmte St. Thomashospital eben jetzt im großartigsten Maßstabe nach diesem System neu aufgeführt. In Leipzig werden die neuen klinischen Anstalten, in Berlin ein großes städtisches Krankenhaus wenigstens theilweise in einstöckigen steinernen Pavillons errichtet. Von dem Director der Charité in Berlin, Geh.-Rath Esse, der im Jahre 1866 meinen Vorschlag in Betreff des Baracklenlazarettes auf das Wärmste unterstützte, ist schon im folgenden Winter eine große Baracke für klinische Zwecke erbaut worden, welche sich vortrefflich bewährt hat, und in einigen Wochen werden die Räume unserer akademischen Heilanstalten durch zwei große, nach demselben Modell errichtete Holzbaracken vermehrt sein, deren Besichtigung kann für Manchen unter Ihnen gewiß nicht ohne Interesse sein wird.

Nach dieser Abschweifung komme ich wieder auf die Thätigkeit der amerikanischen Sanitätscommission zurück.

Dieselbe beschränkte sich keineswegs auf die Sorge für die Verwundeten und Kranken der Armee, sondern wendete sich überall hin, wo irgend nur die schrecklichen Consequenzen des Krieges ihre Hülfe verlangten.

Wenn zu Anfang des Krieges die Schlachtfelder in Amerika vielleicht in noch höherem Grade wie die europäischen der Plünderung wilden Gesindels preisgegeben waren, so traf die Commission alsbald die umfassendsten Maßregeln, diese Gräuel zu verhindern. Sie organisirte eine Polizei der Schlachtfelder, welche sofort von denselben Besitz nahm, sobald die letzten Schüsse gefallen waren.

Ihre Agenten durchstreiften das Terrain, untersuchten jeden Gefallenen, ob noch Leben in ihm sei, suchten von jedem Todten zu erfahren, wer er gewesen und welche Verwandte er habe, und sorgten schließlich für die Beerdigung aller Todten. Auf dem Schlachtfelde selbst wurden Bureaux errichtet, in denen man möglichst vollständige Todtenregister anfertigte, und zu denen die Eltern und Verwandten der Gefallenen und Verwundeten eilten, um Auskunft und Gewißheit über das Schicksal ihrer Angehörigen zu erhalten.

Aehnliche Auskunftsbureaux waren bei allen Hospitälern von der Commission errichtet, und die Listen und Register, welche von dem Agenten der Commission geführt und in dem Centralbureau in Washington zusammengestellt worden, waren vom Staate als gültige Documente anerkannt.

Um zu zeigen, wie wohlthätig eine solche Einrichtung sein mußte, erinnere ich nur an die vielen herzzerreißenden Aufforderungen, welche im Jahre 1866 in den Blättern erlassen worden, von Eltern, welche ihre Söhne verloren und niemals Nachricht erhalten, ob sie gefallen oder nur verwundet und gefangen seien.

Zur Unterstützung dieser Bestrebungen diente eine vortreffliche Einrichtung, welche von einer anderen Gesellschaft, der christlichen Commission des Heeres der V. St. getroffen worden war, die im religiösen Sinn wirkte und unendlich viel Gutes stiftete, auf den Schlachtfeldern wie in den Hospitälern die Verwundeten erquickte, tröstete und die Correspondenz mit den Familien besorgte. Diese Commission versah jeden ins Feld ziehenden Soldaten mit kleinen Zetteln von Pergamentpapier, auf welchen der Name des Trägers und die Adresse seiner Angehörigen geschrieben war und welche von den Leuten auf dem Hemde getragen wurden. Dadurch ward den Commissionären des Schlachtfeldes ihre Arbeit wesentlich erleichtert.

Für die aus den Hospitälern entlassenen Verwundeten und Kranken errichtete die Commission Herbergen (Asyle, Homes), wo für diese aufs Beste gesorgt wurde und wo dieselben Unterkunft fanden, bis sie sie auf Eisenbahnen und Dampfschiffen in ihre Heimath befördern konnten. Für solche, die noch rückständigen Sold zu fordern hatten, besorgte sie die nöthigen Reclamationen.

Aehnliche Herbergen waren für die Recruten errichtet, welche zur Armee gingen, und in denen man sie gut verpflegte und für ihre Ausrüstung sorgte.

In gleicher Weise unterstützte die Commission die Invaliden, die brotlos gewordenen Angehörigen der Verwundeten und Gefallenen, verschaffte den entlassenen Invaliden angemessene Beschäftigung, künstliche Glieder und ähnliche Apparate.

Von ganz besonderer Wichtigkeit erwies sich endlich die Thätigkeit der Commission in Betreff der Gesundheitspflege für die kämpfenden Truppen.

Nachdem sie durch ihre Agenten sich eine vollständige Uebersicht über den Gesundheitszustand der verschiedenen Armeen verschafft, wurden zunächst Tausende von Schriften an die Soldaten vertheilt, durch welche man sie zu belehren suchte, in welcher Weise sie sich vor den schädlichen Einflüssen des Feldlebens möglichst schützen könnten. Vor Allem aber versorgte man die Armeen, welche oft unter den ungünstigsten Verhältnissen ihre Operationen ausführen mußten, mit denjenigen Nahrungs- und Heilmitteln, welche den Aerzten der Commission vorzugsweise zweckmäßig erschienen.

So konnte z. B. die Commission bei der Armee des Generals Grant vor Vicksburg und bei der Mississippi-Armee im Jahre 1862 den Ausbruch des Scorbuts, der in dem Krimkriege so viele Opfer gefordert hatte, dadurch verhüten, daß sie dieselben mit kolossalen Sendungen von frischem Gemüse und getrockneten Früchten längere Zeit hindurch versorgte.

Ich darf Ihre Geduld durch Anführung von Einzelheiten nicht länger in Anspruch nehmen. Ich will nur noch bemerken, daß man die Gesammtsumme alles dessen, was von den Hülfsvereinen gesammelt und von sämmtlichen Staaten der Union zur

Unterstützung der Truppen ausgegeben worden ist, auf 212 Millionen Dollars berechnet hat.

Wie segensreich und wie großartig die Wirksamkeit der Sanitätscommission im Ganzen und im Einzelnen gewesen ist, das ist in zahlreichen Schriften der Nachwelt aufbewahrt. Die interessantesten Documente sind aber jedenfalls diese drei dicken Bände, welche von allen den Schriftstücken, die von der Commission während ihrer Thätigkeit veröffentlicht worden sind, ein Exemplar enthalten, unter dem Titel: Documents and Bulletins of the U. S. Sanitary Commission.

Von nicht geringerem Interesse war auch die auf der letzten Pariser Weltausstellung von dem amerikanischen Zahnarzte Dr. Evans auf eigene Kosten veranstaltete Ausstellung von Proben aller derjenigen Gegenstände, welche von der Sanitäts-Commission bei der Ausübung ihrer Thätigkeit verwendet worden waren. Eine große Baracke war angefüllt mit Modellen von Krankenwagen und Tragbahren, von Hospitalwaggons und Baracken-Lazaretten, mit Instrumenten, Bandagen, Abbildungen und Schriftstücken, und mit zahllosen Proben von Nahrungs- und Erquickungsmitteln, größtentheils auf die vortrefflichste Weise condensirt und conservirt. Ich habe viele Stunden in dieser Baracke zu gebracht und mir die Einzelheiten von dem anwesenden Arzte, der den Krieg mitgemacht, erklären lassen, ohne doch Alles gesehen zu haben.

Daß in Europa niemals die freiwillige Hülfe in gleicher Ausdehnung in den ganzen Organismus der Armeen wird eingreifen können und dürfen wie in Amerika, wo zu Anfang des Krieges die Zustände ganz ungeordnet waren, das läßt sich mit Sicherheit voraussehen. Um so mehr aber wird sie ihre Thätigkeit auf diejenigen Punkte concentriren können, wo sie unentbehrlich ist.

Wenn Sie aus dem bisher Vorgetragenen die Ueberzeugung gewonnen haben sollten, daß die freiwillige Hülfe im Kriege nur dann zu einer ersprießlichen Thätigkeit gelangen kann, wenn sie rechtzeitig und in einer zweckmäßigen Weise organisirt worden ist, so bleibt mir nur noch übrig, von den Vereinen zu sprechen, welche den Zweck verfolgen, schon während des Friedens eine solche Organisation zu schaffen und welche sich in Folge der von Genf ausgegangenen Anregung in den meisten Ländern Europas und namentlich auch im Gebiete des Norddeutschen Bundes gebildet haben.

Das schon im Jahre 1864 in Berlin gegründete Central-Comité des preußischen Vereins zur Pflege im Felde verwundeter und erkrankter Krieger ist, seitdem es mit Corporationsrechten versehen, permanent geblieben und bildet den Mittelpunkt der Vereinsthätigkeit für den Norddeutschen Bund.

In fast allen Provinzen des preußischen Staates und in den meisten übrigen Staaten Norddeutschlands haben sich Provinzial- und Landesvereine gebildet, mit dem Zwecke, in allen Städten und Kreisen Localvereine ins Leben zu rufen und dieselben mit dem Central-Comité in eine solche organische Verbindung zu bringen, daß für den Fall eines Krieges ein erfolgreiches und einheitliches Zusammenwirken ermöglicht werde, wenn auch der Kriegsschauplatz in noch so verschiedenen Gegenden sein mag.

So sind auch in Schleswig-Holstein während dieses Winters an mehreren Orten, wie in Flensburg, Schleswig, Rendsburg, Altona, Oldesloe, Neumünster ꝛc. Localvereine entstanden oder in der Bildung begriffen, und in Kiel besteht seit dem Herbste ein Provinzial-Verein, dessen Statuten bereits von dem Central-Comité bestätigt sind und welcher die Absicht hat, mit seiner Thätigkeit in nächster Zeit mehr als bisher an die Oeffentlichkeit zu treten.

Es ist eben auch der Zweck meines Vortrages gewesen, das Interesse meiner Mitbürger für die Aufgaben dieses Vereines zu wecken und Sie zur Theilnahme an den Arbeiten desselben aufzufordern.

Ich will auf die Organisation unseres Vereines hier

nicht näher eingehen, da sich dieselbe nicht wesentlich von der ähnlicher Vereine unterscheidet und da die Statuten desselben Jedem zugänglich sein werden.

Dagegen scheint es mir nothwendig, noch einige Worte über dessen Thätigkeit zu sagen und ich kann mich dabei um so kürzer fassen, weil ich Ihnen die Leistungen der freiwilligen Hülfe überhaupt bereits ausführlicher geschildert habe.

Da ein solcher Verein seine Hauptthätigkeit jedenfalls erst während eines Krieges entfalten wird, so will ich von der hoffentlich falschen Voraussetzung ausgehen, daß unser Land wieder einmal der Schauplatz kriegerischer Begebenheiten wäre, was indeß nach dem von uns Allen Erlebten wohl Keiner zu den Unmöglichkeiten rechnen dürfte.

In diesem Falle würde ich mir die Thätigkeit der hiesigen Vereine in folgender Weise vorstellen:

Das Sammeln von freiwilligen Beiträgen an Geld und Material würde natürlich wieder, wie in früheren Kriegen, die erste und nächste Aufgabe sein und müßten dazu rechtzeitig Aufforderungen in allen öffentlichen Blättern erlassen werden, welche mit den nöthigen Belehrungen begleitet wären.

Es würden Depots angelegt und Frauenvereine würden sich, wie früher, mit der Ordnung und Verarbeitung der Lazarettbedürfnisse beschäftigen. Ihnen ständen Aerzte zur Seite, welche das Material zu prüfen und Rath zu ertheilen im Stande wären. Die Vertheilung und Versendung der Hülfsmittel würde am besten von Kaufleuten und Spediteuren besorgt, welche dem Verein beigetreten wären; und durch unentgeltliche Benutzung der Eisenbahnen und Telegraphen, sowie durch freiwillige Stellung von Fuhrwerken von Seiten der Gutsbesitzer und Landbewohner müßte die Versendung erleichtert werden.

Denken wir uns nun den Fall, daß es ganz in unserer Nähe zu einem größeren Gefecht käme, so würde ein hier organisirtes Hülfscorps, etwa bestehend aus Studenten, Turnern und anderen thatkräftigen und rüstigen Männern, auf das Schlachtfeld eilen, sich bei der ersten Sorge für die Verwundeten und beim Transport derselben betheiligen, auch nach beendigtem Kampfe sich der Gefallenen annehmen und auf dem verlassenen Schlachtfeld in ähnlicher Weise wirken, wie ich es Ihnen von den amerikanischen Commissairen des Schlachtfeldes geschildert habe.

Für die Organisation derartiger Hülfscorps liegen bereits aus den letzten Kriegen bewährte Beispiele vor; auf den böhmischen Schlachtfeldern haben die **Breslauer Studenten** vortreffliche Dienste geleistet, im Großherzogthum Hessen sind die **Turner** vielfach bei dem Transport und der Pflege der Verwundeten behülflich gewesen, und in Frankfurt hatte sich ein freiwilliges Sanitätscorps gebildet, welches aus 180 gut ausgebildeten und ausgerüsteten kräftigen Männern bestand und nur in Folge der raschen Beendigung des Krieges nicht zu einer erfolgreichen Wirksamkeit gelangte.

Die Kieler Studenten und Turner haben sich bereits in früheren Kriegen einen guten Namen erworben und gezeigt, daß sie das feindliche Feuer nicht fürchten. Es müßte ein solches Corps aber natürlich vor Ausbruch des Krieges organisirt und eingeübt und bei seiner Thätigkeit mit Erquickungsmitteln, Tragbahren und geeigneten Fuhrwerken wohlversehen sein. Es versteht sich von selbst, daß das Corps nur im engen Anschluß an die Militärbehörden zu einer ersprießlichen Thätigkeit gelangen könnte; das Zeichen des **rothen Kreuzes** würde ihnen dem Feinde gegenüber eine **neutrale** Stellung zu verschaffen im Stande sein.

Wenn aber ein Seegefecht in unmittelbarer Nähe unseres Hafens stattfinden sollte, so würde ein solches Hülfscorps mit den zu diesem Zwecke einzurichtenden Hülfs-Dampfschiffen, welche nach der letzten Verbesserung der Genfer Convention unter der weißen Flagge mit rothem Kreuz Anspruch auf

Neutralität haben, während und nach dem Gefecht, die Verwundeten und Ertrinkenden vom Schauplatz wegholen und in die Lazarette transportiren können.

Auch die Sorge für den weiteren Transport von Verwundeten und Kranken auf den Eisenbahnen, sowie die Errichtung von Erfrischungs- und Verbandstationen auf den Bahnhöfen würde großentheils den Vereinen zufallen und ich bemerke dabei, daß durch die Einrichtung von Eisenbahnwagen 4. Classe zum Krankentransport nach amerikanischem Muster, welche Dank den Bemühungen Sr. Excellenz des Herrn Handelsministers bereits in großem Maßstabe ins Leben getreten ist, der Eisenbahntransport im nächsten Kriege wesentlich verbessert sein und sicher vielfach benutzt werden wird.

Eine der wichtigsten Aufgaben der Vereine wird endlich die sein, im Bunde mit den Militärbehörden für die Errichtung passender Lazarette zu sorgen, mag nun der Kriegsschauplatz in unmittelbarer Nähe oder in größerer Entfernung sich befinden. Sie würden im letzteren Fall nicht nur für die Ausrüstung derselben mit Betten und anderen Lazarett-Utensilien und für Herbeischaffung des geeigneten Wärterpersonals zu sorgen haben, sondern zum Theil auch die Verwaltung der Lazarette und die Verpflegung der Verwundeten und Kranken übernehmen müssen.

Aber alle diese Einrichtungen lassen sich nicht wohl in kurzer Zeit und wenn schon der Krieg begonnen hat, ins Leben rufen, sondern sie bedürfen einer wohl durchdachten Vorbereitung, und die Hauptaufgabe der Vereine während des Friedens ist es, sich mit diesen Vorbereitungen zu beschäftigen.

Von welcher Art im Einzelnen dieselben sein sollten, darüber ist vielfach in den General-Versammlungen debattirt, davon handeln die Berichte und Denkschriften des Central-Comités und auf der im nächsten Monat in Berlin stattfindenden großen internationalen Conferenz sämmtlicher Genfer Vereine werden zahlreiche Vorschläge über diesen Gegenstand zur Berathung kommen.

Ich will Ihnen hier nur noch kurz diejenigen Aufgaben schildern, welche mir für die **Friedensthätigkeit** der Vereine die wichtigsten zu sein scheinen:

Was zunächst das Sammeln von **Geldbeiträgen** betrifft, so ist es klar, daß ohne Geldmittel an eine ersprießliche Thätigkeit nicht wohl zu denken ist. Aber im Frieden hat diese Aufgabe nur eine **secundäre Bedeutung** und verspricht auch keinen **großen Erfolg**, weil sich die Mildthätigkeit lieber anderen näher liegenden Zwecken zuwendet, während im Kriege rasch große Summen durch freiwillige Beiträge zusammengebracht zu werden pflegen. Es ist deßhalb der **regelmäßige jährliche Beitrag** für jedes Mitglied des Vereins auf die geringe Summe von 10 Sgr. festgesetzt, womit natürlich nicht gesagt sein soll, daß nicht auch größere Summen mit Dank angenommen werden.

Eine Friedensaufgabe von ganz besonderer Wichtigkeit ist die **Sorge für die Ausbildung des im Kriege so nothwendigen Pflege- und Wärterpersonals.** Dazu findet sich freilich die passende Gelegenheit nur an solchen Orten, wo sich **größere Krankenanstalten** befinden, also in unserem Lande, vorzugsweise in Altona und Kiel. Es ist bekannt, daß in Altona schon vor zwei Jahren durch die Bemühungen des Herrn Pastor Biernatzki und Anderer eine Diakonissenanstalt ins Leben getreten ist, welche bereits erfreuliche Fortschritte zu machen beginnt.

Die hiesigen klinischen Anstalten, welche zum Unterricht der Studirenden bestimmt sind, eignen sich aus mancherlei Gründen nicht wohl zur Ausbildung von Diakonissinnen. Dagegen habe ich die Absicht, an der chirurgischen Klinik einen Kursus zur Ausbildung von männlichen und weiblichen Krankenwärtern zu eröffnen, in der Erwartung, daß die Lokalvereine des Landes geeignete Schüler und Schülerinnen dazu hersenden werden. Derartige Pflegekräfte sind während des

Friedens in jeder Stadt zur Krankenwartung und Pflege sehr wohl zu verwenden, und an manchen Orten ein entschieden gefühltes Bedürfniß.

An die Errichtung eines Hülfscorps scheint mir erst dann gedacht werden zu müssen, wenn einmal die Aussichten auf kriegerische Ereignisse in unserer unmittelbaren Nähe mehr in den Vordergrund treten sollten; für diesen Fall aber besitzt gerade unsere Stadt die dazu geeigneten Männer in reichlicher Zahl, so daß sich meiner Ansicht nach ohne große Schwierigkeit ein solches Corps würde ins Leben rufen lassen.

Für sehr wünschenswerth halte ich es, daß jeder Local=verein eine Sammlung von Modellen derjenigen Gegenstände anschaffe, welche zur Krankenpflege in den Kriegslazaretten gebraucht werden und welche theils von den Damen, theils von den Handwerkern jeder Stadt in größerer Menge angefertigt werden können. Diese Modelle sind deßhalb nothwendig, weil ohne dieselben oft ganz unbrauchbare Sachen bereitet und in die Lazarette geschickt werden, und die von dem hiesigen Central=Hülfsverein während der beiden letzten Kriege in außerordentlich großer Menge gelieferten Verbandsachen und Lazarett=Utensilien waren deßhalb von den Aerzten so sehr geschätzt, weil sie alle mit großer Gewissenhaftigkeit nach zweckmäßigen und bewährten Mustern angefertigt waren.

Ich habe eine Modell=Sammlung dieser Art hier ausgestellt und die Einrichtung getroffen, daß die Lokalvereine von hier aus solche Sammlungen beziehen können.

Auch von jedem Provinzial=Verein sollte meiner Ansicht nach eine Sammlung angelegt werden; dieselbe dürfte sich jedoch nicht auf die angegebenen Gegenstände beschränken, sondern müßte außerdem noch enthalten: Probe=Exemplare von Tragbahren, Räderbahren und Krankenwagen zum Transport der Verwundeten, von Mitteldorpf'schen Wasserwagen, welche dazu bestimmt sind, die Verwundeten auf den Schlachtfeldern mit Wasser zu versehen, von einfachen Bettstellen, wie sie rasch und in großer Menge für Lazarette angefertigt werden können, von Eislisten zur Versendung von Eis und endlich Modelle von Krankenzellen und Lazarettbaracken. Eine solche Sammlung in einem passenden Locale aufgestellt, würde zur Belehrung für die Mitglieder aller Hülfsvereine in der ganzen Provinz dienen können. An dieselbe müßte sich eine kleine Bibliothek anschließen, welche die zahlreichen Werke enthielte, die über diesen Gegenstand bereits erschienen sind und noch fortwährend erscheinen. Wenn man dieselben bei den Mitgliedern des Provinzialvereins und der Localvereine in Circulation setzte, so würden sie dazu beitragen, das Interesse für die Zwecke des Vereins überall rege zu erhalten.

Sehr zu wünschen ist es, daß von dem Central-Comité in Berlin ein vollständiges Museum angelegt würde, welches Alles das enthielte, was auf die freiwillige Hülfe Bezug hätte. Die Ausstellung in Paris vom Jahre 1867 hat gezeigt, wie außerordentlich interessant und belehrend ein solches Museum sein kann.

Es knüpft sich hieran ein Vorschlag, den ich schon im Jahre 1867 gemacht habe und der bei der vorjährigen Generalversammlung des Vereins in Berlin von dem Stabsarzt Dr. Schmidt aus Fulda wieder eingebracht und ausführlicher motivirt worden ist. Derselbe geht dahin, daß von den Vereinen portative Hülfseinrichtungen hergestellt werden, welche auch im Frieden bei plötzlichen großen Nothständen, wie bei Eisenbahnunglücksfällen, Explosionen, Epidemien u. s. w. zu rascher Hülfsleistung verwendet werden könnten. Diese Einrichtungen sollten bestehen aus einer mobilen Ambulance, welche Transportmittel für Verwundete und Lazarettgegenstände aller Art enthielte und aus transportablen Zeltbaracken, aus welchen man leicht überall Lazarette herstellen könnte und für deren Construction Dr. Schmidt ausführlichere Vorschläge zu machen versprochen hat.

Diese Hülfseinrichtung sollte an Knotenpunkten von Eisenbahnen aufbewahrt und so bereit gehalten werden, daß sie jeden Augenblick im Frieden wie im Kriege im Stande wäre, wie die

Spritzen der Feuerwehr an den Ort des Unglücks entsendet zu werden.

Die Ausführung dieses Vorschlages würde den Vereinen auch schon im Frieden eine erhöhte Wirksamkeit verschaffen, ob aber die Provinzialvereine dieselbe alsbald in die Hand nehmen sollen oder ob man die Initiative dem Central-Comité überlassen will, darüber werden noch nähere Beschlüsse zu fassen sein.

Von hervorragender Wichtigkeit aber für unseren Provinzialverein scheint mir die Beschäftigung mit der Frage, an welchen Orten in unserem Lande im Falle eines Krieges Lazarette zu errichten sein würden, und wie rasch, von welchen Handwerkern und mit welchen Mitteln dieselben erbaut werden könnten.

Vom Central-Comité in Berlin sind in einer Denkschrift vom 6. Mai 1868 die Zweigvereine aufgefordert worden, sich schon während des Friedens mit geeigneten Vorbereitungen zur Errichtung von Reservelazaretten zu beschäftigen.

Dies kann nach meiner Ansicht in jetziger Zeit gar nicht anders aufgefaßt werden, als daß man die Erbauung von **Baradenlazaretten** vorzubereiten sucht.

Ich wenigstens müßte auf das Entschiedenste mich dagegen erklären, wenn man in diesem Lande im nächsten Kriege wieder dieselben Localitäten als Lazarette benutzen wollte, welche in früheren Feldzügen als die für diesen Zweck geeignetsten ausgewählt und immer wieder verwendet worden sind, die Schulen und Kirchen, die Schlösser und Vergnügungslocale; **alle diese Gebäude sind nur schlechte Lazarette,** weil sie nicht nach den Grundsätzen der Hospital-Hygiene gebaut sind, und in allen haben die Aerzte traurige Erfahrungen gemacht, wenn sie mit Schwerverwundeten gefüllt waren. Bessere Localitäten als diese giebt es im Lande nicht, und es bleibt uns daher nichts übrig, als dem Beispiele der Amerikaner zu folgen, wenn wir für unsere Verwundeten in ähnlicher Weise sorgen wollen, wie jene.

Für diesen wie für alle übrigen Zwecke aber erscheint es vor Allem nothwendig, daß der Provinzialverein Männer zu seinen

— 54 —

Mitgliedern zähle und in sein Comité berufe, welche nicht nur das Vertrauen ihrer Mitbürger und ein warmes Herz für die Sache des Vereins, sondern auch den Willen haben, im Kriege wie im Frieden an den Arbeiten desselben nach bestem Wissen und Können Theil zu nehmen.

Es würde für mich eine große Genugthuung sein, wenn meine Worte ein allgemeines Interesse für die Aufgaben der Hülfsvereine angeregt hätten und wenn sie auch die Wirkung haben sollten, daß recht viele meiner Zuhörer sich als Mitglieder an der ersten öffentlichen Generalversammlung des Provinzialvereins betheiligten, welche von dem bisherigen Vorstande in nächster Zeit hier in Kiel zusammenberufen werden wird.